AF493827

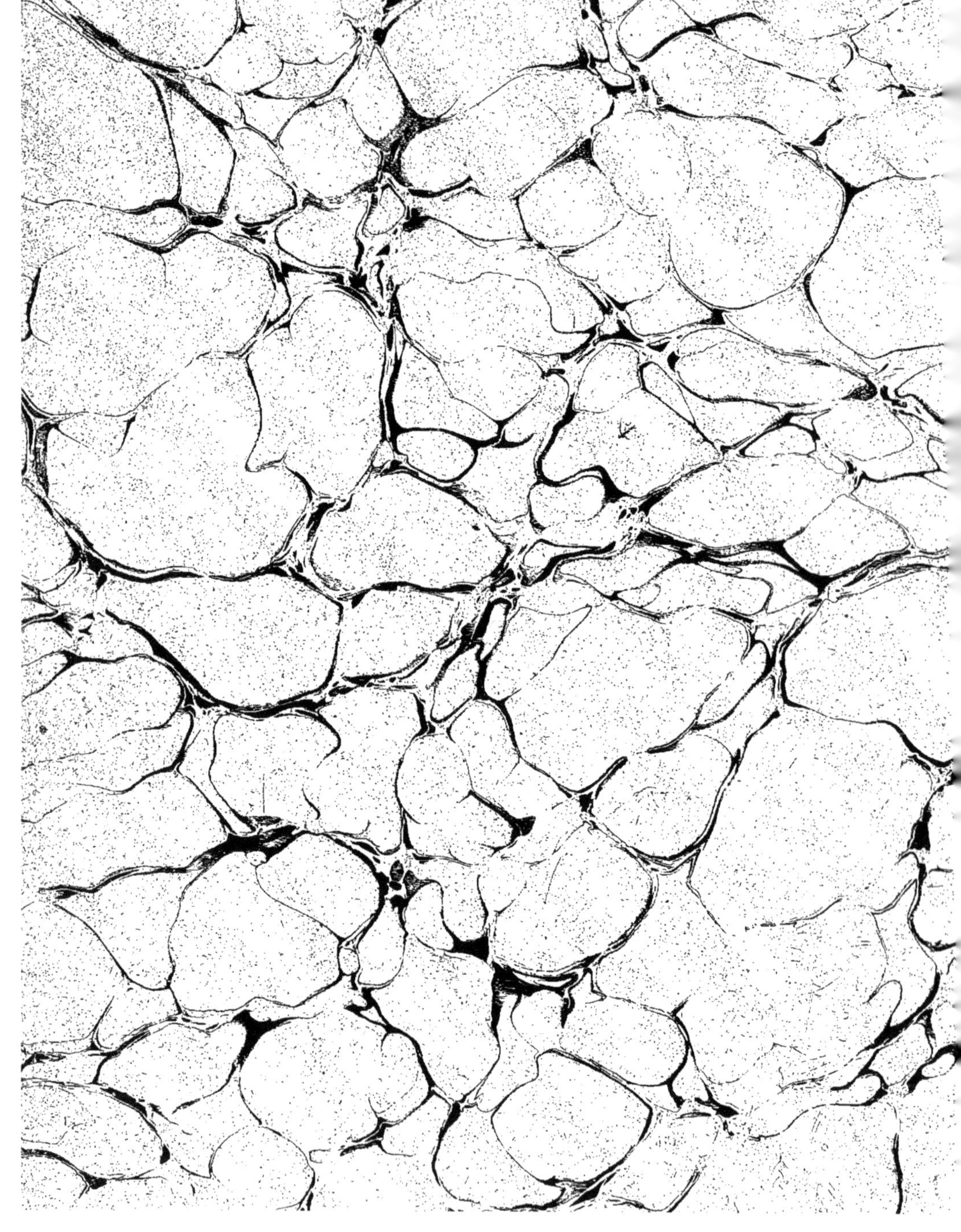

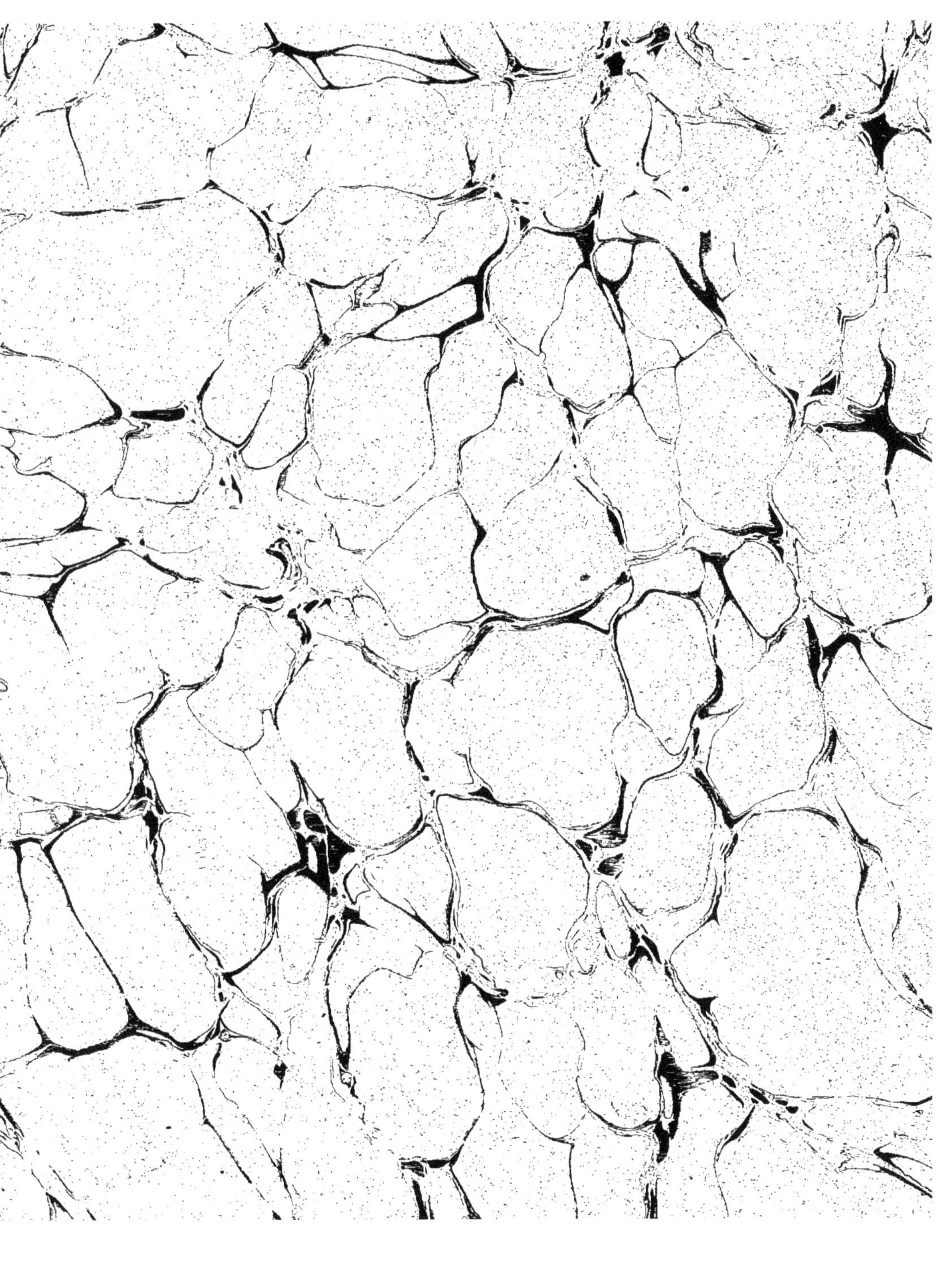

LEON RIOTOR & LÉOFANTI

LES ENFERS
BOUDDHIQUES

Avec trois notices et préfaces de

RENAN

LEDRAIN
Professeur à l'École du Louvre

FOUCAUX
Professeur au Collège de France

Avec Vignettes, Têtes de Chapitres, un Frontispice et douze Planches originales japonaises hors texte en couleur.

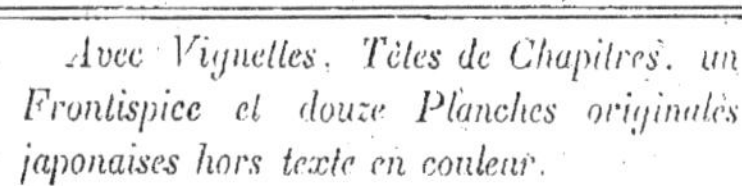

CHAMUEL ÉDITEUR
79, RUE DU FAUBOURG POISSONNIÈRE, 79
(Près la rue La Fayette)
PARIS

LES

ENFERS BOUDDHIQUES

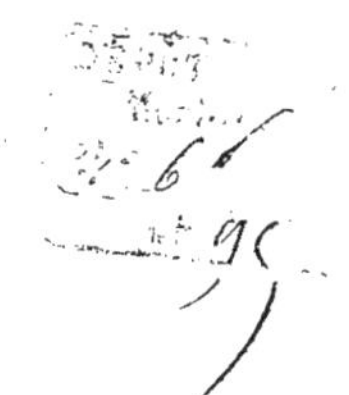

Léon RIOTOR et LÉOFANTI

LES

ENFERS BOUDDHIQUES

(LE BOUDDHISME ANNAMITE)

AVEC TROIS PRÉFACES DE

ERNEST RENAN

LEDRAIN, Professeur à l'École du Louvre

FOUCAUX, Professeur au Collège de France

VIGNETTES, TÊTES DE CHAPITRES, FRONTISPICE
DOUZE PLANCHES EN COULEUR HORS TEXTE

Dessinés à la plume de roseau par les Japonais Pha *et* Ly

D'APRÈS LES HAUTS-RELIEFS DE LA PAGODE TÉNÉBREUSE DES SUPPLICES

(Province de Hanoï).

PARIS
CHAMUEL, ÉDITEUR
29, rue de Trévise, 29

1895

Il a été tiré de cet ouvrage vingt exemplaires sur Japon Impérial grandes marges, numérotés à la presse, gravures sur bristol fort, monture onglet, au prix de vingt francs l'exemplaire.

LÉON RIOTOR & LÉOFANTI

LES ENFERS BOUDDHIQUES

Avec trois notices et préfaces de

RENAN

LEDRAIN
Professeur à l'École du Louvre

FOUCAUX
Professeur au Collège de France

Avec Vignettes. Têtes de Chapitres, un Frontispice et douze Planches originales japonaises hors texte en couleur.

CHAMUEL, ÉDITEUR
29, Rue de Trévise
PARIS

DES MÊMES AUTEURS

Fidelia, suite de poèmes (tirage à petit nombre) épuisé.

Le pays de la Fortune, un fort volume illustré (chez Ducroq, 55, rue de Seine). 3. 50

L'Aventurier de lettres, roman parisien (collection épuisée).

Le Pêcheur d'anguilles, légende, frontispice de Georges DE FEURE, à petit nombre (collection artistique de LA PLUME, 31, rue Bonaparte), exemplaires sim. hollande à 2 fr. ; sur japon impérial grandes marges à 6 francs.

Le Pressentiment, avec préface de Papus (Chamuel). . . . 1. 00

Le Parabolain, avec culs-de-lampes de GRASSET (collection de LA PLUME). . . . . 2.

L'Ami inconnu, *roman* (Lemerre). 3. 50

Deux Nomarques des Lettres (collection LA PLUME) . 1.

Au sortir d'A-Ti-Nguc.

LETTRE DE M. E. RENAN

Chers Messieurs,

Je vous renvoie, en vous remerciant bien vivement, vos Enfers Bouddhiques, que vous avez su rendre avec tant de vie et de vérité :

C'est un vrai document pour l'histoire des religions de la Haute Asie, et aussi pour l'histoire de l'imagination humaine, si peu variée dans ses conceptions. Les commentateurs de Dante profiteront sans doute de votre beau travail.

J'ai vu à Rome, au musée Borgia, maintenant à la Propagande, des représentations analogues aux vôtres.

Voyez M. Foucaux, notre savant collègue au Collège de France, je suis sûr que vos dessins auront pour lui un grand intérêt, et il vous indiquera, mieux que je ne pourrais le faire, les monuments du même genre qui ont déjà paru.

Croyez, chers Messieurs, à mes sentiments les plus dévoués.

E. RENAN.

28 Avril 1891.

Ac-Hû'u, *le Mal* (détail du frontispice).

LES CROYANCES INFERNALES

A l'origine, l'enfer bouddhique ne fut pas autre chose que l'existence. Soumis à la misère, à la maladie et à la mort, l'homme par cela même, quelles que fussent ses fautes, subissait un enfer suffisant.

Jamais les fondateurs de religion n'imaginèrent de peines ultra-terrestres pour châtier les erreurs ou les crimes de cette vie. Comment auraient-ils pu séduire les foules et conquérir des adeptes en montrant dans les régions d'outre-tombe des chairs sans cesse renouvelées qui fondent dans les flammes, des poitrines arrachées par des tenailles ardentes, et renaissant pour d'éternels déchirements.

Si Jésus de Nazareth gagna le monde, ce fut en conviant les masses au festin nuptial et en leur découvrant les rues de la Jérusalem nouvelle pavées de saphirs et d'émeraudes et où ne tombe aucune larme. C'est après l'an 70 seulement, quand la Ville Sainte avec le Temple eût flambé, que les Juifs furieux, et en particulier l'auteur du IVe livre d'Esdras, posèrent, pour se venger, sur notre poitrine. le cauchemar de l'éternel enfer embrasé.

Que rêva le Bouddha ? car tous les créateurs religieux sont des rêveurs ?

Attira-t-il les peuples de l'Asie méridionale en leur énumérant tous les supplices variés que nous étalent les images reproduites dans ce curieux volume? Nullement. Quand il parut, on croyait là-bas aux existences successives et indéfinies. Or, pour le Bouddha, la vie n'étant qu'une calamité, il chercha, dans sa pitié, le moyen de délivrer l'homme de la perpétuité de l'être. Il fonda un système de morale qui, exactement pratiqué, devait conduire au Nirvâna ! Que le Nirvâna ! fût l'anéantissement, ou seulement la perte de toute conscience, le résultat était le même. La personne humaine, avec la faculté de sentir, disparaissait. Ainsi, pour l'homme vertueux, la grande récompense, c'était en réalité le néant, tandis que le méchant subissait, comme torture, une autre existence ou un autre enfer. Rien de plus au commencement du bouddhisme.

D'où est venue la première idée de peines terribles attendant les pervers au-delà de cette vie? Si tout se borne à ici-bas, il est certain qu'un grand embarras d'esprit s'empare des philosophes, surtout des déistes. Alors à quoi sert de se contraindre, c'est-à-dire d'être vertueux? Ne vaut-il pas mieux, tant qu'on est sous le soleil, jouir de tout sans scrupule? Le méchant, c'est-à-dire celui qui plie à son égoïsme l'ordre des choses — et ne tient compte que de lui-même — n'a pas à se gêner. La plupart du temps il prospère mieux que le juste, et par delà le tombeau ne l'attend aucun châtiment.

Le livre de Job a été composé pour répondre à ce scandale : « Comment se fait-il que le mauvais fleurit, tandis que dépérit l'homme de bien? » Combien faible la réponse ! et comme elle a peu de force philosophique ! Ne croyant pas aux récompenses et aux punitions d'au-delà — ce qui aurait tout simplifié — l'auteur nous représente le juste Job écrasé dans sa fortune et dans sa famille, puis retrouvant, on ne sait comment, biens et enfants. Est-ce ainsi que les choses se passent sur la planète? Quand l'homme mûr succombe, c'est bien pour toujours et sans espoir de relèvement.

Les philosophes ont donc été fatalement amenés, pour exhorter à ce que Auguste Comte appelle l'*altruisme*, autrement dit la vertu, à prêcher le dogme des rétributions d'outre-tombe. Mais, chez eux, aucun détail de supplices à l'usage des méchants. Il leur suffisait de se tenir dans les généralités.

Qui donc est allé plus loin? Qui a inventé les milliers de tortures que nous découvre l'enfer égyptien, celui des chrétiens et l'enfer bouddhique? Qui a créé cette prodigieuse variété dans les tourments, ces nuances dans l'horreur? Les prêtres et les politiques.

Le *Livre des morts* de l'ancienne Egypte — un rituel sacerdotal en un pays où le sacerdoce gouvernait — nous décrit avec minutie les châtiments qui attendent, par delà cette vie, les condamnés d'Osiris. Or de là est sorti presque tout entier l'enfer chrétien avec lequel l'Eglise au moyen âge a effrayé les peuples et contenu les rois. Nul doute que l'enfer bouddhique n'ait eu la même source.

Toujours prêts à flatter le pouvoir jusque dans ses caprices, les artistes ont secondé l'œuvre des prêtres et des politiques. Rien de changé sur cette immuable terre. Les gouvernants distribuaient dès les temps anciens ce que peintres et sculpteurs désirent le plus : argent et décorations. Dans la vieille Egypte, il y avait des ordres de différents degrés, des colliers que l'on attachait au cou des gens vaniteux, et vers lesquels les artistes, sans doute, tendaient déjà des mains avides.

« Quoi ! vous voulez terrifier le peuple et le maintenir dans l'obéissance aux lois par la perspective d'un enfer futur ! nous vous aiderons dans cette tâche, comme dans toutes les autres. Avez-vous de plus zélés serviteurs que nous? Ne sommes-nous pas, devant vous, aussi prosternés que possible, essayant de deviner, dans le mouvement de vos cils, vos moindres volontés? »

Alors, sur les murs des temples, partout où passait la foule, ils se mirent à peindre et à sculpter les variétés infinies des supplices d'outre-tombe. Ils raffinèrent même sur les prêtres, les légistes et les politiques, inventant, pour leur plaire, de nouvelles scènes infernales, des tenaillements nouveaux. Qui se signalait le plus était désigné aux faveurs les plus particulières, aux commandes et aux distinctions.

On peut juger par les gravures de notre livre jusqu'à quel point, pour la création de l'enfer, les beaux-arts se sont mis à la disposition du pouvoir, jusqu'à quel point ils sont entrés dans la pensée des puissants personnages religieux et civils. En parcourant les figures nombreuses que l'on a si heureusement recueillies, on se sentira pris d'une certaine sympathie pour la thèse de Jean-Jacques Rousseau. Si l'art servile et menteur à la dévotion des forts n'avait pas existé, l'humanité serait peut-être moins déçue et moins malheureuse. La masse aurait été moins foulée par les sacerdoces et par les gouvernements autocratiques qui se sont succédés pour sa ruine, l'accablant de lois et d'entraves, et lui montrant du doigt les tortures infernales, si elle refusait d'obéir.

E. LEDRAIN.

Viçwakarman (*Vulcain hindou*), *Serviteur de* Ac-hû'u.

LES
ENFERS BOUDDHIQUES

En voyant le singulier mouvement qui, aujourd'hui, entraîne de préférence vers le Bouddhisme ceux qui s'occupent de l'étude des religions, rien de ce qui touche à la doctrine de Çâkya-mouni ne doit être négligé.

C'est donc avec un vrai plaisir que nous voyons paraître la collection de planches teintées que renferme ce volume et qui se rapportent aux Enfers des bouddhistes. Peut-être serait-il plus juste de dire « purgatoire », car, pour les Indous, qui admettent le dogme de la transmigration des âmes, le séjour dans les Enfers n'est qu'un épisode au milieu d'existences successives qui n'ont pas eu de commencement, mais qui peuvent avoir une fin, si l'on arrive à l'état de sainteté, difficile à atteindre, qui conduit à la délivrance finale, c'est-à-dire au Nirvâna.

Le premier document figuré qui ait donné, en Europe, une idée des enfers bouddhiques, est probablement le tableau peint par un artiste tibétain et apporté à Rome par un missionnaire, puis gravé, il y a plus d'un siècle, pour l'*Alphabetanum tibetanum*[1]. Ce tableau représente *le Cercle de la transmigration*, c'est-à-dire les cieux, la terre et les enfers, enserrés dans les griffes d'un affreux génie qui est celui de la fatalité, à laquelle n'échappent pas plus les dieux que les hommes. L'enfer occupe le bas du tableau et nous montre les mêmes tourments que ceux qui sont représentés dans les dessins de ce volume.

Dans les scènes peintes sur les murs, à l'intérieur des pagodes chinoises ou autres, ce sont toujours les mêmes bourreaux et les mêmes patients que ceux du tableau tibétain, tels qu'on les retrouve dans les dix planches représentant les principaux Enfers bouddhiques que M. Dumoutier a jointes à ses notes sur le Bouddhisme Tonkinois[2]. Il est clair que les artistes qui décorent les pagodes suivent une tradition primitive et qu'ils n'inventent rien. La description de peintures du même genre que M. Monier Williams[3] a vues dans un temple de Ceylan, il y a quelques années, nous prouve que partout la tradition est d'accord pour retracer les mêmes scènes dans tous les temples bouddhistes. Et c'est la tradition indoue qui domine partout, comme on pourra s'en convaincre en lisant, plus loin, l'extrait du vieux législateur Vishnou.

Elevé dans une société brahmanique, Çâkya-Mouni n'a pas échappé à l'influence de cette société et, par suite, il a adopté une partie des croyances de ceux au milieu desquels il avait passé sa jeunesse.

*
* *

Voici l'énumération des Enfers brahmaniques, suivant Vishnou, en sanskrit :

1. Tâmisra (*obscurité*) ;
2. Andhatâmisra (*obscurité complète*) ;
3. Raurava (*lieu des hurlements*)

[1] Romæ, 1762. Typis Sacræ Congregationis de propaganda fide.
[2] *Revue d'Ethnographie* publiée par le Dr Hamy. « L'Enfer. » Notes sur le Bouddhisme Tonkinois
[3] *Buddhism*, London, 1890.

4. Mahâraurava (*lieu des grands hurlements*) ;
5. Kâlasoûtra (*trame ou temps de la mort*) ;
6. Mahânaraka (*grand enfer*) ;
7. Sanjîvana (*rendant à la vie*) ;
8. Avitchi (*sans vague*) ;
9. Tâpana (*brûlant*) ;
10. Sampratâpana (*brûlant complètement*) ;
11. Samghâtaka (*pressant ensemble*) ;[1]
12. Kâkola (*corbeau*) ;[2]
13. Koudmala (*bourgeon*) ;[3]
14. Poûtimrittika (*argile fétide*) ;
15. Lohasankou (*qui a des lances d'airain*) ;
16. Ritchisha (*poële à frire*) ;[4]
17. Vishamapanthâna (*dont les routes sont inégales*) ;
18. Kantakasâlmali (*arbres Salmalis épineux*) ;
19. Dîpanadî (*rivière de flamme*) ;[5]
20. Asipatra vana (*forêt dont les feuilles sont des épées*) ;
21. Lohatchâraka (*chaînes de fer*) ;

Dans chacun de ces enfers, successivement, les grands pécheurs, qui n'ont pas fait les pénitences prescrites, sont tourmentés pendant la durée d'un *kalpâ*[6] ;

[1] Dans cet enfer, une foule d'individus sont entassés dans un très étroit espace.

[2] Dans cet enfer les pécheurs sont dévorés par des corbeaux.

[3] Dans cet enfer les pécheurs sont mis dans des sacs liés au bout.

[4] Dans cet enfer les pécheurs sont rôtis.

[5] Cette rivière, dont l'eau est chaude, est appelée Vitârani ; son odeur est fétide, elle est pleine de sang ; elle coule rapidement en torrents d'eau chaude, chariant, dans son cours, des os et des cheveux. Le *Garouda pourâna* (Édit. de Bombay, p. 8) en donne la description (Voy. aussi, dans le *Vishnu purâna*, traduct. anglaise de H.-H. Wilson, 2e édit, t. II, p. 14 et t. V, p. 207, d'autres énumérations dont les noms diffèrent un peu).

[6] 4,320,000,000 années solaires.

Les mortels qui n'ont pas fait pénitence, pendant la durée d'un *manvantara*[1].

Pour des offenses moindres, pendant le même temps.

Les criminels du quatrième degré, pour une période de quatre *yougas*[2] ;

Ceux qui ont commis un crime produisant la perte de la caste, pour mille ans ;

Ceux qui ont fait un crime qui rabaisse à l'état d'une caste mêlée, pour la même période ;

Ceux aussi qui ont commis un crime qui rend indigne de recevoir des aumônes et le reste ;

Et ceux qui ont commis un crime qui cause la souillure.

Ceux qui ont commis l'un des crimes mélangés, pour un grand nombre d'années.

Tous les pécheurs qui ont commis un de ces neuf genres de crimes ont à souffrir de terribles tourments quand ils sont sortis de cette vie et entrés dans la voie de *Yama (le dieu des morts)*.

Traînés çà et là sur des routes raboteuses par les cruels ministres de Yama, ils sont conduits par eux à l'enfer avec des gestes menaçants.

Là ils sont dévorés par des chiens et des chacals, par des faucons, des corneilles, des hérons, des grues et autres animaux carnivores, ayant du feu dans leur bouche, et par des serpents et des scorpions.

Ils sont grillés par des feux qui flambent, percés par des épines, divisés en deux par des scies et tourmentés par la soif.

Ils sont agités par la faim et par des troupes effrayantes de tigres, et tombent en défaillance, à chaque pas, à cause d'émanations fétides provenant de pus et de sang.

Jetant des regards d'envie sur la nourriture et le breuvage des autres, ils reçoivent des coups des exécuteurs de Yama, dont les figures ressemblent à celles des corneilles, des hérons, des grues et autres hideux animaux.

Ici, ils sont bouillis dans l'huile et là broyés avec des pilons ou mis en pièces dans des vases de fer ou de pierre.

[1] 306,720,000 années.

[2] Divisions inégales d'un Kalpa.

Dans un endroit, ils sont forcés de manger ce qui a été vomi ou bien du pus, du sang ou des excréments et, dans un autre endroit, des mets repoussants et fétides.

Ici, enveloppés dans une obscurité terrible, ils sont dévorés par les vers, les chacals et autres horribles animaux ayant des flammes dans leur bouche.

Là, ils sont, de plus, tourmentés par la gelée et doivent marcher au milieu de choses malpropres, ou bien ils se mangent l'un l'autre, pressés par la faim.

Dans un endroit, ils sont frappés à cause de leurs actions d'une naissance antérieure; dans un autre, ils sont suspendus à des arbres par une corde, ou percés par une multitude de flèches, ou mis en pièces.

Dans un autre endroit, ils marchent sur des épines, leurs corps sont enveloppés par des serpents; ils sont tourmentés par des machines qui les broient et traînés sur les genoux.

Leurs dos, leurs têtes et leurs épaules sont brisés ; les cous de ces pauvres êtres ne sont pas plus gros que des aiguilles et leurs corps sont incapables de supporter les tourments[1].

Après avoir été tourmentés dans les enfers et avoir enduré des souffrances aiguës, les pécheurs ont à souffrir des peines nouvelles dans leurs migrations dans des corps d'animaux[2].

Si nous ne le savions déjà, nous verrions, par la phrase qui précède, que les supplices de l'enfer ne sont pas éternels et qu'ils sont subis seulement par les êtres coupables de grands crimes. Les autres châtiments consistent à passer, après la mort, dans le corps d'animaux dont la condition paraît aux indiens plus ou moins malheureuse, et c'est ce qui arrive immédiatement à ceux qui sortent de l'enfer après y avoir été suffisamment châtiés.

Le lecteur aura remarqué, parmi les supplices énumérés tout à l'heure, la plupart de ceux que représentent les belles planches de ce volume. Mais

[1] Ce n'est pas ce que dit Manou. V. plus loin, p. 22.

[2] *The Institutes of Vishnu*, p. 140 et suiv. Dans la collection : *The sacred books of the East*, edited by Max. Müller, t. VII.

tandis que les bouddhistes comptent huit enfers brûlants et huit enfers glacés, nous ne trouvons qu'une seule allusion aux enfers froids (V. p. 6, liv. 5), dans la description des supplices que nous fait le législateur Vishnou.

Les lois de Manou, livre IV, stances 88 à 90, nous présentent une liste des enfers qui ne diffère de celle qu'on a lue que par une ou deux épithètes ajoutées au nom de ces enfers. Ce qui est plus important, c'est la notion d'un corps particulier, *solide et résistant*, que le feu et les tourments surnaturels ne détruisent pas.

Voici le passage de Manou (livre XII, stances 16-17) :

« Un autre corps solide, formé des particules des cinq éléments et destiné à souffrir les tourments de l'enfer, est produit après la mort des grands coupables.

« Lorsque ceux-ci, par le moyen de ce corps, ont souffert là les tourments imposés par Yama (le dieu des morts), les parties constituantes de ce corps sont réunies, chacune suivant sa classe, aux éléments mêmes dont ils sont sortis. »

***

Voici maintenant les noms des seize enfers des bouddhistes dont les huit premiers sont brûlants et les huit derniers glacés :

1° Samdjiva,
2° Kâlasoûtra,
3° Samghâta,
4° Raurava,
5° Mahâraurava,
6° Tâpana,
7° Pratâpana,
8° Avitchi,
9° Arbouda,
10° Nirarbouda,
11° Atata,

12° Hahava.
13° Huhava.
14° Utpala,
15° Padma,
16° Mahâpadma.

Les huit premiers noms de la liste qui précède se retrouvent dans celle des lois de Manou. Ce sont les enfers brûlants.

*
* *

Voici, empruntée à une légende bouddhique, la description de quelques-uns des supplices auxquels sont soumis les criminels qui sont dans les enfers. Elle se trouve dans l'*Introduction à l'histoire du Bouddhisme indien*, par Eug. Burnouf, p. 366-367.

« Il y a des êtres qui renaissent dans les enfers. Les gardiens des enfers les ayant saisis et les ayant étendus le dos sur le sol formé de fer brûlant, échauffé, ne faisant qu'une seule flamme, leur ouvrent la bouche avec une broche de fer et y introduisent des boules de fer brûlantes, échauffées, ne formant qu'une seule flamme. Ces boules brûlent les lèvres de ces malheureux et, après leur avoir consumé la langue, la gorge, le conduit du gosier, le cœur, les parties voisines du cœur, les entrailles, elles s'échappent par en bas. Ce sont là les tourments de l'enfer...

« Il y a des êtres qui renaissent dans les enfers. Les gardiens des enfers, les ayant saisis et les ayant étendus la face sur le sol formé de fer brûlant, échauffé et ne faisant qu'une seule flamme, les traversent avec une chaîne de fer brûlante, échauffée et tout en flammes ; puis ils les frottent, les repassent, les rabotent avec une houe de fer brûlante, échauffée et tout en flammes. Ils enlèvent ainsi de leur corps, un huitième, un sixième, ou un quart, les rabotent soit en long, soit en cercle, soit du haut, soit du bas, soit doucement. Ce sont là les douleurs de l'enfer........

« Il y a des êtres qui renaissent dans les enfers. Les gardiens des enfers, après les avoir saisis et les avoir étendus sur le sol formé de fer brûlant, échauffé et ne faisant qu'une seule flamme, leur infligent le supplice qui consiste à être enchaîné en cinq endroits. Ces malheureux marchent avec leurs mains sur deux barres de fer ; ils marchent les deux pieds sur une barre de même métal ; ils marchent avec une barre de fer au travers du cœur ; car les enfers sont remplis de souffrances et ce sont là les supplices qui y sont infligés. »

*
* *

Comme on a pu le voir, les sujets des tableaux contenus dans ce volume ne varient pas beaucoup. C'est toujours, à la partie la plus haute qui semble séparée par des nuages de la partie basse, un personnage plus grand que ceux qui l'entourent et ayant à droite et à gauche les mêmes figures d'hommes. Puis, les figures d'un bœuf, d'un lion, d'un sanglier, et dans le bas celles d'un chacal, d'un chien qui a un collier avec une clochette, etc. Puis un coq, des corbeaux, etc[1].

Le personnage plus grand que les autres qui occupe le haut des tableaux, assis devant une table, avec tout ce qu'il faut pour écrire, est le juge des morts. C'est toujours le même quoique son aspect et son nom varient à chaque enfer.

En somme, les planches teintées que contient ce volume sont d'une très belle exécution et donnent une idée très exacte de l'art japonais. Il serait à désirer qu'une suite de dessins du même genre nous donnât l'image des étages des cieux superposés des bouddhistes, au nombre de trente et un, suivant les uns, et de trente-quatre, suivant les autres.

P. E. FOUCAUX.

[1] P. S. — Les personnes qui voudraient avoir des notions plus détaillées sur les enfers indiens les trouveront dans deux savants mémoires publiés par M. Léon Feer, dans le *Journal Asiatique* de 1892, T. XX, pp. 185 et suiv. et dans le même journal, 1893, T. I, pp. 112 et suiv...

A-Ti-Nguc *où le Thap-Diên* Tân-quàng *punit les voleurs et les prévaricateurs.*

PREMIER ÉPISODE

La pagode où nous pénétrons est remplie d'adorateurs plongés dans la plus profonde immobilité.

D'autres gens sont assis sur le sol et nous regardent curieusement, car ce temple bouddhique est une *chu'a*, qui sert à la fois de refuge pour les voyageurs et les étrangers, d'abri pour les statues des génies, les tables des ancêtres, et aussi de maison communale où se traitent les questions locales entre les notables assemblés.

Il a la forme d'un T grec renversé, selon le rite, et garde un aspect mystérieux qui provient surtout de son obscurité. Contre les côtés, en maçonnerie pleine, des autels s'étagent dans l'ombre, parfumée par les senteurs des baguettes odoriférantes, *huong-deu*. Çà et là le long des murs éclatent les or et les pierreries dont sont rehaussés les costumes et les tiares des divinités.

Les yeux s'habituent peu à peu à cette demi-nuit, et nous pouvons gagner l'extrémité de l'édifice sans marcher sur la foule étendue à nos pieds.

Trois bonzes, accompagnés chacun de deux servants, sont préposés à la garde de ce sanctuaire. En ce moment l'un d'eux officie.

Il se nomme Nguyen-Thanh-Giem et vient de la province de Haï-Dzuong. Il porte sur ses épaules le manteau de soie jaune à bandes bleues, agrafé sur une tunique rouge par un crochet d'or. Il a la mitre au front et s'appuie sur la hampe d'un *phu'o'n*[1].

Avant de monter sur l'estrade placée devant l'autel, avant de faire ses *lays* aux génies et aux divinités, il dépose son sceptre et ses babouches, pendant que ses acolytes frappent sur le *mô*, grelot de bois, et sur le khanh...

Nous suivons parfaitement chacun de leurs mouvements et ne perdons pas une de leurs paroles :

Pendant le service religieux ils font entendre des psalmodies nasillardes, étranges par leur rythme et leur mesure. Les servants marquent la cadence sur des gongs, des tams-tams d'une discordante monotonie, et le bonze continue ses récitations en élevant au bout de ses bras maigres le *hoa-xen*, la fleur de lotus symbolique.

Les adorateurs s'inclinent en portant les mains à leur front, puis se prosternent de nouveau quand le bonze commence la lecture du Soudarakânda ou livre de beauté, car on est au printemps et dans la période du *Ritou*.....

« — Mâhâtmyam[2], voici l'époque où l'époux peut cohabiter avec sa jeune épousée. La loi que nous apporta Bach-Ma, le cheval blanc, vous le permet. Voyez comme elle est belle sous son voile pudique. L'Amour sous ses trois faces, Kama, Kandarpa et Ananga[3], la contemple, amené par son ami Vasanta[4] qui commence l'année. La brise du Malaya est tiède, le chant du Kokila la trouble, Mâhâtmyam, c'est le Ritou !... »

Un murmure parcourt la foule prosternée, et le bonze fait le pâdagrahanam[5].

« — La jeune épousée devient la beauté elle-même, car l'épouse, disent nos préceptes, a chance de monter au rang de l'époux, la femme a chance de monter au swarga[6], la femme, dès qu'elle satisfait à tous ses devoirs, est vraiment dans une maison la déesse Çri[7] !...

« Réduite à la dépendance d'un bout de la vie à l'autre, durement caractérisée, elle a droit aux égards de ses proches et du disciple de son époux ; elle a droit à des mets fins lors des grandes fêtes ; elle a droit à la parure ; ce que donne le prétendant pour l'obtenir en mariage est à elle, non au père, au frère, au parent qui l'accorde, et s'approprier ses biens, ses voitures, ses vêtements est un crime ; si l'on tarde à la marier, elle a droit de choisir un époux elle-même ; les rangs des épouses sont fixés ; la répudiation n'a lieu qu'après délais et moyennant conditions ; l'époux n'a droit d'approcher sa femme qu'au moment du Ritou : ainsi en ont décidé nos sages et nos lois[8]..... »

Le mandarin Nha-Truong, qui nous accompagne, nous entraîne du côté du retrait où les trois officiants viennent de pénétrer. Nous lui avons témoigné le désir d'approfondir ces pratiques mystérieuses. Un coup de cymbales ou *Caï-tiu* précède notre entrée et Nha-Truong s'incline devant les bonzes encore revêtus de leurs ornements :

— Voici Nguyen-Thanh-Giem, voici Nguyen-Thanh-Cao, et voici Ta-tu-Thuyen, celui qui tient le *mõ*.

Le docte Than-Giem sourit à notre approche, et, d'un geste ample de bienvenue, nous indique que toute gêne doit être bannie.

— Venez-vous apprendre la loi du divin Çakya-Mouni ou connaître les supplices infligés par les démons au nom des dix juges respectables du *Dia-Nguc*[9]... ?

Je réponds que notre scepticisme occidental craint peu l'enfer et ses supplices.....

— Mais les préceptes de Phât[10] nous intéressent et nous serions heureux que vous ayiez la bonté de nous en parler...

Le bonze nous fait signe de nous asseoir pendant qu'il dépose dans une armoire de la muraille sa mitre et la tunique rouge dont il est revêtu. Par une fenêtre haute un rayon de soleil pénètre, découpant l'ombre amassée dans les angles de la pièce. Des paillettes d'or accrochent leurs facettes éclatantes aux costumes des divinités et aux broderies qui pendent des poutrelles sculptées. Thanh-Giem se meut dans ce jet de lumière, auguste, tandis que les deux autres serviteurs de la *chu'a* se tiennent immobiles contre la muraille autant que des statues de pierre, avec une figure impassible trouée de regards ardents.

— Le divin Khong-tu[11], dit Thanh-Giem avec tristesse, laisse à chacun la liberté d'adorer Dieu comme il le comprend. Le mortel échappe aux misères de ce monde en songeant aux joies qui l'attendent lorsque son souffle s'envolera dans le sein du Grand Tout. Le nirvâna est l'espoir suprême de l'humanité.

— Oui, murmure Nha-Truong en baissant la tête.

— Et pour cela il faut que le mortel remporte une victoire sur lui-même, par l'affranchissement des passions, rajas, des désirs, quitte les ténèbres du péché, tamas, par la pratique des vertus, sattva.

« Il faut qu'il parcoure les sept swargas, les sept lokas, les sept patalas, les vingt et un mondes jusqu'au kritayouga, l'âge de la perfection.

« Mon âme s'effraye de la vastitude de l'éternité. La poétique Saraswati[12] nous guide dans cette étendue des quatre âges, kritayouga, trétayouga, dwâparayouga et kiliyouga, qui ne forment à eux tous qu'une molécule de la durée.

« Il en faut mille fois autant pour composer un jour de Brahma, le Dieu mobile, la roue flamboyante du Tridaçah[13], et cela nous représente quatre milliards trois cent vingt millions d'années humaines, et le brahmayouga, que je ne saurais comparer qu'à votre siècle occidental, vaut trente et un mille cent quatre dizaines de milliards d'années humaines. Combien notre être infime peut renaître de fois avant de se fondre dans Brahm[14], le Dieu immobile, qui réside au centre des univers, au mérou, autour duquel tournent les sept dwipas[15]!... »

Les deux bonzes, Thanh-Cao et Ta-tu-Thuyen, toujours immobiles, laissent échapper un profond soupir et leur figure prend une expression plus tragique encore, tandis que les rais de clarté qui tombent de la fenêtre haute se voilent d'un nuage passant devant le soleil. Et le *caï-lin* de bronze qui se trouve devant la porte vibre d'un son à peine perceptible et très lointain sous l'influence de l'air déplacé on ne sait par qui.

Le Corbeau d'or
(Le soleil ou le jour) principe mâle.

Thiêt Cu'Nguc *où le Thap-Diên* Sò giang *punit les envieux de la femme d'autrui.*

DEUXIÈME ÉPISODE

Le mandarin Nha-Truong, qui nous servait de guide et nous avait introduit dans la *chu'a,* avait fait des études très avancées en matière de dogmes. Bouddhiste de naissance et de conviction, il avait approfondi jusqu'aux extrêmes limites les principes du divin Khong-tu, il connaissait le christianisme ainsi que les différents schismes qui le partagent, et je crois même qu'il n'ignorait pas Voltaire ni Diderot.

Dans sa maison de Lang-Tcheou, cette petite ville blottie en un des coins ravissants du Kouang-Si, il avait réuni les ouvrages les plus rares et les plus curieux de l'histoire religieuse, côte à côte avec les travaux modernes de nos philosophes sceptiques, et c'est après avoir lu un chapitre de Renan qu'il se retrempait dans le *Chu-King*, le livre par excellence, dans le *Sse-Chou* qui forme les quatre livres moraux de Confucius. Après avoir fragmenté les lois de Manou, il feuilletait le Koran de Mahomet. Aussi son éclectisme était-il grand.

Il connaissait l'usage des *buà*[16] que les bonzes tracent en samskrit et en chinois sur les papiers, les vêtements, les portes et même les bandelettes des cadavres ; possédait à fond cette réglementation des gestes innombrables auxquels Çakya-Mouni a attaché des vertus particulières et qu'on nomme *Quyêt* ; avait lu les chefs-d'œuvre persans et hindous, le *Shah-Nâmeh*, le *Mahâbhârata,* récitait l'épopée aux vingt-quatre mille çlokas[17], où sont narrées les aventures de Rama, ce Prince Charmant de nos légendes ; parlait volontiers du livre *Yi-King*, écrit aux temps fabuleux de la Chine, et piochait journellement le livre *Thiên-Quan*, l'essai sur le *Bâli*, et le *Bhagavata Pourana* de Burnouf.

Il nous entretenait parfois de *Rigvéda, Yadjourvéda, Sâmavéda, Atharwa*[18] et des *Angas*, leurs six commentaires. Pour lui les çastras théoriques avaient de la puissance devant les faits, les quarante-deux points d'enseignement proférés par Bouddha se réduisaient à « Vis bien et meurs bien » ; le *Kandjour* était une œuvre inutile, et les quatre livres de philosophie de Confucius, qu'il disait Khong-tu, et de Mencius avaient produit autant de mal que de bien.....

Aussi, en ce retrait obscur, découpé seulement par la lumière qui tombe de la fenêtre haute, Nha-Truong est le seul qui sourie de la posture sombrement tragique des deux bonzes, ainsi que des gestes emblématiques du vieux Thanh-Giem. Celui-ci murmure à ce moment :

— Bouddha protège ses adorateurs, aussi nous l'aimons!

Il fait la génuflexion pâdagrahanam, ses deux acolytes se placent derrière lui et ils accomplissent deux fois le tour de la pièce où nous nous trouvons.

— Ils ne sont pas assez nombreux, murmure Nha-Truong à notre oreille. Un proverbe de votre pays comme du nôtre dit fort judicieusement qu'on ne fait la procession qu'avec ce qu'on possède de monde, et trois bonzes ne peuvent avoir la prétention d'être une quantité imposante.....

Sans souffler mot, Thanh-Giem et ses deux compagnons étaient sortis, laissant comme trace de leur passage une vibration du *caï-tiu* suspendu à la porte. Nous restâmes seuls avec Nha-Truong et celui-ci rompit le silence.

— « Notre culte comporte une adoration très familière, tout en étant respectueuse, car Bouddha fut homme comme nous. Il était de la race des Gotamides et de la famille des Çakya. D'où sa désignation de Çakya-Gaotama, et quelquefois de Çramana-Gaotama, mais il s'appelait Siddharta de son nom personnel, et lorsqu'il se retira dans la solitude, il prit celui de *Mouni*, solitaire.

« Notre religion n'est pas ce qu'en votre merveilleux Paris vous avez pu concevoir. Nous avons des cérémonies d'un caractère aussi imposant et aussi touchant que celles du christianisme, et lorsqu'elles n'ont pour but que de rappeler la tradition, leurs bizarreries ont encore une explication naturelle.

« Devant l'autel vous avez vu exécuter les danses qui expriment les symboles d'*Am* et *Du'o'ng*. Elles combinaient les lignes du principe mâle, qui est dans le corbeau d'or, le soleil ou le jour, avec le principe femelle, qui est dans le lapin d'argent, la lune ou la nuit, tandis que les mains des coryphées indiquaient, par l'enchevêtrement des doigts, les mille postures de la divine Quan-An.

— La déesse aux mille bras ?

— Oui..... Nous n'avons pas malheureusement vu ici une cérémonie comme celles dont je vous parle, mais chacun de nos anniversaires, chacune de nos limites de temps en est l'occasion.

« Notre année s'ouvre par la fête de *Nguyen-dan,* autrement dit le *Têt,* qui dure les trois premiers jours. A cette époque, les parents et les amis se rendent mutuellement visite, porteurs de souhaits de prospérité. Deux semaines après, on célèbre le *Thuong-Nguyen,* la fête des pagodes ou des bonzes ; elle se répète une seconde fois six mois après, mais elle s'appelle alors *Thung-Nguyen* ou fête des ancêtres.

« On y prie pour l'âme des bienfaiteurs des bonzes, de ceux qui entretinrent les temples par de libérales aumônes. Les serviteurs du culte offrent de grands repas où chaque côté de la table, garni d'hommes ou de femmes, représente un des versants de l'année. Ce sont des commémorations sacrées auxquelles nul ne tente de se soustraire..... Je vous citerai encore, continua Nha-Truong, la fête des Enfants ou *Têt-Ram-Thanh-Tam*, le cinquième jour du quatrième mois, et ce n'est pas la moins belle ni la moins animée, car la jeunesse a droit aux tendresses de Phât, et c'est en une collation où se mangent les pains-de-lune, *banh-mat-giam,* qu'on appelle sur la tête des *nhòs* la prospérité que retiendra désormais le talisman du collier (khanh) ».

Nous écoutons le mandarin, dont la voix a pris une intonation d'un charme infini. Le soleil est sans doute caché par un nuage, car le rayon lumineux a subitement disparu, et nous nous trouvons dans l'obscurité.

Nous entendons vibrer le *caï-tiu*.

— Qui est-ce? Thanh-Giem revient-il?

— Je ne sais.

— Écoutez....

Mais ce n'est qu'un souffle, et le mandarin prononce ces paroles qui tombent une à une, gravement, dans notre ignorance.

— Notre doctrine rayonne sur le pays d'Annam comme sur l'immense Empire du Milieu, depuis l'Inde, où les Bouddhas ont toujours été puissants, jusqu'aux îles situées au milieu de la vaste mer, et marche vers le point de l'horizon où se lève le corbeau d'or. Avec elle on honore les dieux, les génies protecteurs et les mânes des ancêtres, et dans toutes les régions où les Bouddhas ont porté leurs sublimes règles, elles ont été accueillies avec reconnaissance par les peuples, comme étant l'expression de la morale qui a présidé à la civilisation du monde. Nous sommes plus de 300 millions de fidèles à les avoir acceptées, et depuis plus de 2000 ans nos ancêtres les ont placées à la base de leurs sociétés dont elles ont adouci les mœurs et dirigé la sagesse...

Nha-Truong s'était animé en prononçant ces derniers mots, entraîné hors de sa froideur sceptique par son ardeur. Nous inclinâmes la tête en silence, car où trouver la sagesse, si ce n'est dans la patience?

— Par elles, l'homme est arrivé au règne de la patience et a su accepter la vie comme elle est, sans irritation contre le sort, a su modérer ses désirs, et chasser d'inconsidérées convoitises. Elles ont grandi, ces règles sublimes, l'autorité du chef de famille, ayant au préalable appris aux enfants à être obéissants, cimenté les liens du mariage de par les lois du divin Çakya, basées sur l'universel amour, éteint la haine ainsi qu'une chose mesquine, ayant prôné l'égoïsme.... Mais c'est surtout par l'anéantissement complet de nos sens, où l'être s'affranchit de la douleur, que notre doctrine est vraiment humaine et divine, car sa théorie nous indique ce chemin unique : nous élever constamment par la concentration de nos facultés vers un but suprême, invisible et toujours présent : la mort......

Le Lapin d'argent
(La lune ou la nuit) principe femelle.

TROISIÈME ÉPISODE

Nous étions, je l'ai dit, dans l'obscurité complète quoique le jour dût encore commander au dehors. Depuis que le rayon lumineux de la fenêtre haute avait disparu, le silence régnait dans la *chu'a*.

Thanh-Giem rentra.

— Nous avons achevé, dit-il, jusqu'à l'heure où la lune, la céleste Nguyet, resplendira dans les régions sidérales. Les dieux du mal et du bien, Ac-hu'u et Thiên-hu'u, ainsi que les cercles infernaux du Dia-Nguc sont voilés... Les trois statues tutélaires qui protègent la pagode de Tân-an-tu', Viên-mâu-ba'o-thân-ti-lu'-già-na-Phât à droite, Than-tinh-phàp-thân-ti-lu' sa-la-Phât au centre, et Thiên-ba'ch-u'c-hoa-ta'n-thich-ca-mâuni-Phât à gauche, ont reçu agréablement nos génuflexions : — Nam mô a gi da Phât ! et nul ne craint nouvel avatâras du divin Vichnou.

— Pourquoi fait-il nuit ? demandai-je.

— Ce que j'ai à vous révéler aime les ténèbres. Vos yeux seraient brûlés aux rayons ardents qu'émane le Sage d'entre les sages, Bouddha, en qui notre âme se personnifiera après sept cents renaissances dans le mokcha[19] !...

Et le bonze se prosterne selon le pâdagrahanam, les bras entrecroisés, de façon à ce que les extrémités de ses doigts touchent celles de ses pieds. Nous le contemplons à la clarté de la pâle ké-den qu'il a apportée et Nha-Truong à demi-voix répète :

— Mokcha... ?

— Oui, reprend Thanh-Giem d'une intonation sourde, c'est le pralaya de notre volonté, l'absorption complète en Brahm, le dieu immobile dans le tridaçah,au centre des trois régions du ciel.

« Pourquoi Tchakra, continue-t-il en prenant l'attitude de l'andjali, les mains jointes à son front avec les paumes en dehors formant une coupe ; pourquoi Tchakra, la roue flamboyante de l'univers, est-elle aussi éblouissante à nos faibles regards, sur son char divin du Vimâna[20] !... Combien notre âme avide s'associe en béatitude à la pâle nymphéacée dont les yeux sont des nélumbos, au diamant auquel s'acèrent les flèches de Manmatha, à la balle dont jouent le soir les jeunes beautés, au disque de la lune d'automne surgissant humide et rayonnante du lac de l'éther[21] !... »

Les paroles de Thanh-Giem sonnent étrangement, tandis qu'une lueur fanatique s'allume au fond de ses prunelles. Notre âme s'épanouit, pénétrée de cette étrange poésie, et celui qui l'évoque, transfiguré, semble le sage lui-même qu'il appelle.

— Parlez, dit Nha-Truong.

Le bonze s'incline de nouveau, prononçant le mot sacramentel qui glorifie l'être divin :

— Mâhâtmyam, je répondrai. Par les trois esprits de Phât qui président aux trois divisions du temps, le passé, le présent, le futur, par Quan-an la déesse aux mille bras, par les quatre génies gardiens de ces lieux, Huyen-vu, Bâ-lieû-hanh, Tan-vieû, et Chu'-dong-tu', dont le temple est à Tù'-nhiêu dans le chu'a de Phu-khoai, par Kouvera le gardien du nord, je ne dirai que la vérité et que ce que la lumière m'apprit.

« Je respecte vos religions et vos croyances occidentales, je les ai commentées et étudiées, mais je crains plus encore les juges infernaux, Tông-dê qui punit les sacrilèges, Biên-thanh qui châtie les calomniateurs, Dô-thi qui fustige les hypocrites, et Chuyén-luân qui confond les menteurs.......

— Nous vous écoutons en silence.

— Les vérités sublimes par lesquelles on peut arriver au Nirvâna se résument dans les enseignements de Bouddha : l'appréciation juste de toutes choses, la fuite du mensonge, la droiture qui dirige nos actions, la profession religieuse, l'observance des préceptes de sa loi, la mémoire judicieuse qui nous porte au repentir de nos fautes, et la méditation qui amène progressivement l'homme à se détacher de ses passions, de ses vices, à détruire son ignorance et toutes ses imperfections, pour obtenir ce quiétisme absolu qui le dispose à entrer, purifié, dans le sein du Grand Tout.

« Et voici les règles de la vie :

Ne pas tuer d'être animé.

Ne pas prendre le bien d'autrui.

Ne pas commettre l'adultère.

Ne pas se livrer au mensonge.

Ne pas user de boissons enivrantes.

« Grâce à l'observance de ces préceptes, le fervent bouddhiste peut atteindre à la perfection désirée. Quant à nous autres religieux, nous ne devrions nous vêtir que de haillons ramassés dans les cimetières ou sur les tas d'ordures des chemins, ou de valkalas[22] d'écorce ; n'en jamais posséder plus de trois ; nous raser la tête et les sourcils ; ne pas regarder les femmes, ne subsister que d'aumônes ; ne faire qu'un repas par jour avant midi ; vivre dans les forêts, ou nous retirer pendant la saison des pluies dans les viharas (couvents) ; aller méditer de la vanité des choses humaines la nuit dans les cimetières ; renoncer à faire usage de notre volonté, mais obéir à celle d'autrui.....

« J'en suis à demi-dispensé, quant au vêtement ; à cause de ma dignité, pourtant, vous le voyez, je porte le valkala, la haire des pénitents.

« Nos formules religieuses et nos psalmodies en caractères sanskrits prouvent que depuis la plus haute antiquité nous avons conservé intact le dépôt religieux de nos ancêtres, côte à côte avec le culte du divin Bouddha. Nous observons les rites qui nous ont été transmis, les sacrifices par lesquels nous rendons hommage aux génies protecteurs créés par nos croyances, ou imposés par nos rois et nos empereurs. Par nos offrandes, nous savons les rendre bienfaisants ; nous sommes pour détourner les maléfices, désarmer les colères ou les méchantes dispositions des Râkchases et des Dahavas, ces mauvais génies qui pullulent par multitudes innombrables.

« Nous avons mission d'expliquer au peuple ce qui frappe son imagination, et les esprits follets des Nâgas, des Ganas, des Gandharwas et des Grahas nous viennent en aide. C'est pour lui que nous avons trouvé des explications magiques, des propos mystérieux. C'est ainsi qu'un coq aux allures suspectes, une tortue sortant de l'eau du fleuve d'une certaine façon, une planche trouvée sur le rivage, nous ont fourni la preuve qu'une puissance inconnue se révèle sous ces divers aspects. Bien d'autres peuples — nos sages nous l'ont appris — adressent leurs adorations à l'essence même de l'objet, pourquoi ne ferions-nous pas de même ?.... Nous avons des temples élevés à l'ombre de bosquets mystérieux, à la gloire de Prithivi, la terre nourricière, ou d'Agni, le dieu du feu ; on y abrite un trône sur lequel se pose l'esprit invisible. C'est là que les fidèles viennent brûler dans le *dinh* les *hu'o'ng-den,* baguettes odoriférantes, en faisant des *lays.* A certaines dates même on y célèbre des fêtes ; des processions s'organisent dans lesquelles le trône est promené sur les épaules des croyants, tandis que les instruments de musique résonnent. Nous implorons le génie tutélaire, nous lui demandons de nous être favorable, de nous accorder son secours, d'éloigner les épidémies, de disperser les Pisatchas, les ogres et les vampires, de faire cesser les pluies si elles sont préjudiciables aux cultures, ou, s'il y a sécheresse, de les répandre..... Et encore nous prions les Marouts, les vents déifiés qui correspondent aux sept fois sept divisions de la circonférence astrale.....

— C'est du confucianisme, murmurai-je.

— La loi du divin Không-tù, ajouta Nha-Truong.

Le bonze continuait, le geste vague, les yeux perdus :

— Si l'esprit local reste sourd, s'il ne semble ni accepter les dons, ni exaucer les prières, s'il n'a pas su préserver la bourgade des désastres qui se sont abattus sur elle, le trône est mis à la cangue, on lui administre la cadouille et le roi peut retirer au génie son diplôme. Il perd sa qualité de « *Thieng* », n'est plus bon qu'à être jeté à la rivière.....Mais, au contraire, s'il a été indulgent, secourable, si le beau temps est venu ou si la pluie est tombée, quelles récompenses ne l'attendent pas ! Le roi lui décerne de l'avancement et un décret l'élève d'un rang dans la hiérarchie des génies!.....

Je ne pus réprimer un sourire.

— Riez, riez ! Nous n'avons point à envier les principes religieux des occidentaux. Nous honorons le Tridaçah et la Prithivi selon le rite défini par nos sages et nos philosophes. Ce que nous adorons, ce sont les forces cachées de la nature : cette âme flamboyante du monde : Tchakra ! C'est elle qu'en bon disciple de la loi de Confucius tout bonze doit vénérer, et c'est au ciel et à la terre que s'adressent nos demandes pour obtenir de l'un la sérénité du temps, de l'autre les riches moissons, et Bouddha ne s'en offense pas.

« Mais nous allons encore plus loin. La loi nous ordonne de faire des sacrifices aux mânes de nos sages empereurs, de nos grands philosophes, pour que les uns nous donnent un bon gouvernement et que les autres conservent florissantes la civilisation et les lettres.

« Nous n'aurions garde de ne pas perpétuer ces hommages, dont les formules sont éternelles, propres à inspirer la vertu et la modération, ainsi que le désir de s'élever dans l'échelle des connaissances. Et nous veillons qu'on honore ses pères après leur mort, car, disent les préceptes, l'âme se réunira à *Du'o'ng* avant d'aller se joindre à *Am.* Elle présidera alors aux destinées de la famille et viendra se matérialiser dans la table des ancêtres qui portera leurs noms, et c'est devant elle que devront s'accomplir toutes les cérémonies prescrites par l'usage. Puis, c'est à nous que sont remises les vieilles tablettes pour être conservées dans le temple, archives où les générations futures pourront venir puiser les bons avis et les sages conseils.....

So-giang (*détail de* Thiêt Cu' Nguc).

Hôà-Luàn-Nguc *où le Thap-Diên* Ngû-Quan *punit les mauvais fils.*

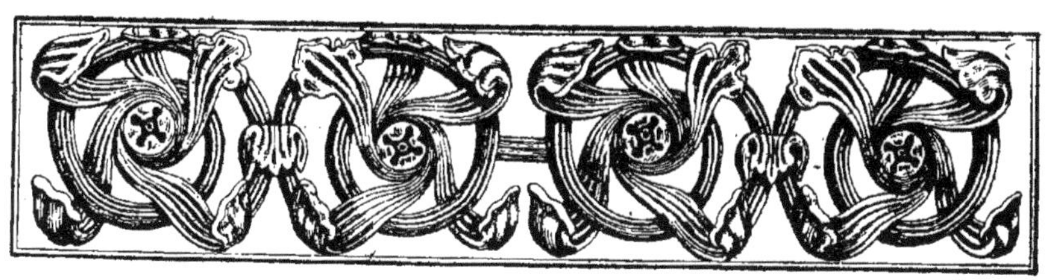

QUATRIÈME ÉPISODE

Thanh-Giem s'arrête un instant pour reprendre haleine. Ses mains se portent de nouveau à son front, dans la posture de l'andjali, les paumes en dehors formant coupe, les coudes écartés. La pâle clarté de la ké-den balance d'énormes ombres sur la muraille peinte en rouge, où se lisent différents textes samskrits.

Sa profession de foi panthéiste ne nous avait pas étonnés outre mesure, car nous savions que la loi du divin Çakya-Mouni côtoie, à s'y confondre, ces cultes primitifs de la matière-dieu, et l'étrange théogonie bouddhique se révélait une fois de plus à nous sous son aspect le plus naïf et le plus poétique.

Le caï-tiu de la porte d'entrée vibre au passage de gens

mystérieux dont nous entendons frôler les robes. A notre regard vaguement inquiet le bonze murmure :

—Nguyen-Thanh et Ta-tu-Thuyen disposent la chu'a pour le transport de vos yeux sur les supplices que réserve notre palais ténébreux..... Mâhâtmyam, j'ai commencé, je finirai...

« Nous avons encore le devoir de connaître toutes les choses contenues dans la triple corbeille. Par elle nous sont enseignées les prédications de Phât, sa discipline et sa métaphysique.

« Les *Soutras* nous apprennent comment nos actions sont réglées par le cœur et comment, avant d'arriver à l'état d'homme, notre être a passé par des tranformations successives et des existences antérieures, continuant à parcourir le cycle des douleurs, des mécomptes et des peines jusqu'à ce que, dégagé de toutes les imperfections de la vie, il arrive purifié à la réalisation de nos souhaits. Mais non seulement nous avons à parcourir les étapes nombreuses du monde terrestre, mais encore celles du monde céleste et du monde infernal, Bhoûmi, Swarga et Patala[23], où chacun, selon ses œuvres, recevra sa récompense ou son châtiment, sans que dans aucun cas il soit affranchi de l'obligation de rentrer dans le cycle sans fin des réexistences avant d'avoir atteint la perfectibilité...

« Phât lui-même y a été soumis, a passé par des milliers de conditions, a vécu des millions d'existences, a revêtu les multiples formes de la vie terrestre, a été l'arbre que bat la tempête, le métal que fait rougir le forgeron, a été l'homme dans toutes les conditions sociales, a subi les tortures de l'enfer comme il a joui du bonheur des bienheureux, et c'est après avoir parcouru tous les degrés de l'être et de la chose qu'il est parvenu à se reposer dans le sein de la suprême sagesse qui est le but de nos efforts et la récompense de nos vertus. C'est la délivrance attendue, désirée, où les atomes derniers de notre être seront absorbés... Là seulement que viendra la mort entière, l'entrée définitive dans le néant absolu, l'extinction complète du souffle, et où il ne restera rien de l'agrégation vitale. Nous sommes les Swastikas[24] du monde, les hommes du Néant, nous dit-on. Eh bien, qu'on nous montre ce qu'il y a au delà de la vie et qu'on nous le prouve ?....

« Et maintenant que vous connaissez la sublime loi de Phât, comprenez-vous pourquoi nous cherchons la perfection terrestre ? Ne plus repasser par le chemin de la vie, gagner le bord tranquille où l'âme n'aura plus à revêtir de forme réelle, le repos tranquille du Nirvâna, n'est-ce pas un rêve bien doux ?

« Mais l'homme est désarmé dans le monde des ténèbres. Ce n'est que par ses seuls mérites et ses vertus que la remise de ses peines peut lui être faite, car il n'échappera pas à la justice de la suprême sagesse. Il pouvait en modifier la sentence durant sa vie, en atténuer la dureté, il pouvait même forcer le juge à s'incliner devant sa perfectibilité ; il n'avait qu'à être bon, charitable, suivre les préceptes, et Chùyên-Luân, le dernier juge, lui eût permis de monter vers le mokcha, bien au-dessus des régions où règnent les tempêtes.

« Ceux qui auront pratiqué la vertu, que Bouddha recommande comme le but dernier de la vie, atteindront le ciel tandis que ceux qui auront négligé les observations de sa loi seront punis dans les enfers, puis renvoyés sur la terre pour y subir de nouvelles épreuves, jusqu'au jour où *Chùyên-luân* aura décidé de leur purification et les aura trouvés dignes du Nirvâna... »

Le silence régna un instant. La ké-den balançait de grandes ombres où la silhouette de Thanh-Giem se dessinait, démesurée. Nha-Truong contempla le bonze et murmura :

— Il va nous montrer les supplices du Dia-nguc, dont s'est évidemment inspiré par une relation de voyage un de vos grands poètes européens, que vous nommez Dante Alighieri.

J'eus un haut-le-corps.

— Peut-être ! continua Nha-Truong sans s'émouvoir, car il eut connaissance des récits du voyageur Marco Pol[25], lequel visita longuement ces régions et dépeignit sous les plus sombres couleurs nos imaginations religieuses... Marco Pol tombe dans le bouddhisme méridional, lequel vient d'être importé par les Chinois dans leur envahissement du territoire de l'empire d'Annam... Cette doctrine est bouleversée, dénaturée, les seize enfers hindous, les huit chauds et les huit froids, y sont réduits à dix, que la population dénomme aussitôt les dix cercles ténébreux... L'esprit local s'en mêle, ajoute des supplices nouveaux, entr'autres celui de l'oiseau fabuleux garoudha[26] dévorant le crâne de l'impénitent, dont il n'est nullement question jusqu'ici... Marco Pol arrive, prend cette doctrine tronquée pour la bonne, ces supplices pour ceux qui existent depuis l'origine... Et Dante Alighieri écrit ses dix cercles de l'enfer, y place le garoudha, y dépeint le serpent monstre Panagas[27], lequel était le roi Nahoucha qui fut transmué ainsi, d'après nos légendes samskrites, par le pouvoir sacramentel « Hé Skanda ! » que proféra à son encontre le Maharchi Agastya...

« Et, pourtant, je n'oserais être affirmatif, car l'esprit des peuples de l'Europe à cette époque, et jusqu'au delà du Moyen-Age, voyait sous ces mêmes couleurs burlesques ou épouvantablement tragiques les punitions de l'outre-tombe.....

« Je me suis laissé dire par un écrivain de votre pays qu'il y a fort peu de siècles — quatre ou cinq au plus avant celui où nous vivons — vos prêtres inspiraient comme nous aux artistes des tableaux et des sculptures semblables aux nôtres, et l'on retrouve, paraît-il, en maints endroits de votre pays des scènes représentant des supplices analogues pour de mêmes méfaits. On voit aussi, me disait-il, des animaux faire subir aux humains des tortures pareilles à celles que ceux-ci leur avaient fait endurer. Et même certaines peintures représentent la punition d'actes que nous n'oserions exprimer dans les nôtres.

« Votre sage lettré m'a cité les noms de divers endroits où des truies prennent la place des ménagères, sur la tête desquelles elles se conduisent fort désagréablement ; des renards, des loups se font porter par des hommes, et cent autres motifs où les animaux se vengent outrageusement de ceux qui les ont martyrisés.....

— Selon les Japonais, rappelai-je, la seule punition des méchants est de passer dans le corps d'un renard.....

— C'est donc un fait constant et admirable ! Bien que nous n'ayons jamais eu de rapport avec vos ancêtres, les sages ont envisagé chez vous comme chez nous la suprême justice. C'est qu'elle est la base de toute religion et le but de toute spéculation philosophique !.....

« Thanh-Giem va nous conduire dans la chu'a et vous verrez représentés sur les murs, terribles sous leurs féroces enluminures et leurs reliefs, les supplices que subiront les humains lorsqu'ils descendront au royaume des fantômes.

« Un juge ou roi préside en chaque cercle ténébreux. De mauvais génies, des animaux effroyables sont préposés à la garde de son épée, ou de tout ce qui lui appartient. D'autres lui présentent les sentences qui suivent le défunt en face du redoutable tribunal. Et la justice le délivrera, sublime charité de notre doctrine bouddhique, car il ne brûlera pas éternellement !... Purifié, il pourra espérer un séjour meilleur, le suprême juge appréciera. Il se réincarnera, toujours, toujours, sous toutes les formes, jusqu'à la perfection..... Alors, alors, oh ! l'inappréciable engloutissement de notre être dans la béatitude, dans l'oubli, dans le Nirvâna, l'ambroisie, le miel, le nectar que nos lèvres avides appellent à longs cris, d'année en année, de siècle en siècle !.... »

..... Dans la chu'a l'obscurité et le silence étaient profonds. Le caï-tiu vibra sous l'influence de notre passage, et dans les ténèbres lourdes de cette asmophère, un jet subit de lumière ardente éclaira chacun des tableaux, chacun des enfers tour-à-tour, incendiant les ors, irradiant les sangs, flamboyant les épées nues.....

Hôi-hì-Nguc *où le Thap-Dién* Giêm-la *punit les luxurieux.*

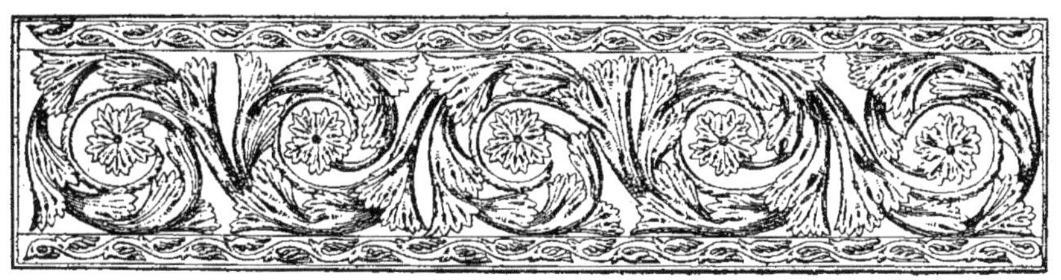

CINQUIÈME ÉPISODE

Le palais ténébreux est renfermé sous la région du Djambou-Dwipa[28], entre deux montagnes, entouré d'une muraille de fer que nul ne peut jamais franchir sans avoir subi ses peines.

Il est à plus de cinq cents yodjanas[29] de notre misérable atmosphère et à mille de Vadjrasthâna, la résidence de la foudre, où le forgeron Viçwakarman[30] pétrit des globes de feu que le ciel nous lance.

Les châtiments y sont terribles, et les cris des damnés parviennent souvent jusqu'à nous, apportés par les Râkchases et les Dahawas[31] dans les plaintes lamentables de l'air. C'est alors que le vent hurle et pleure. On dit que ce sont les Marouts[32] en délire, mais c'est bien la colère éternelle des damnés.

Dans le premier cercle, le roi Tàn-quàng punit les voleurs et les prévaricateurs, ceux qui n'ont pas su user équitablement des biens de la terre. On le nomme A-Ti-Nguc. Les mortels qui ont dilapidé le fruit du labeur d'autrui sont enfermés dans des enclos étroits et infects, couverts de pustulences et de plaies. Leurs âmes passent dans le corps des bêtes domestiques. C'est ainsi que l'instinct animal qui les conduisit se trouvera justifié.

Ceux qui ont accompli leur peine et reviennent purifiés reçoivent l'autorisation de se réincarner sous les traits de l'espèce humaine, mais combien peu sont jugés ainsi ! Ils traînent une vie misérable, en proie aux incurables bassesses, et Phât, qui voit tout, envoie aux plus méchants des maîtres cruels qui leur font subir mille tortures.

La prodigalité est répréhensible, mais l'envie est plus criminelle... C'est là, dans le deuxième cercle, que le roi Sò-giang punit les mauvais désirs, les convoitises du bien d'autrui, et le coupable que vous voyez le fut plus encore, tant sa position humaine était haute, et tant son envie fut avilissante.

Il était roi, sous le nom de Trang-vuong, de tout le Viêt-quoc, le pays qui s'étend au nord-est du Che-Kiang et dont l'empereur Yu s'empara l'an 2066 avant votre ère chrétienne. C'était un prince sage, et les génies bénissaient sa puissance.

A sa cour vivait Ngoc-hoa, plus belle que la Sattva[33], épouse de Pham-taï. Dès qu'il l'eut aperçue, Trang-vuong devint envieux, et l'enfer s'empara de son cœur. Il aima la femme de son serviteur et voulut la séduire. Méchant autant que voleur, il emprisonna le mari et le fit mettre à mort en l'accusant d'un crime odieux. Mais l'épouse fidèle lui résista et préféra se tuer. Trang-vuong noya ce souvenir dans les débauches et les orgies, mais si l'oubli vint pour lui, la suprême justice le guettait sans cesse.

Maintenant il est scié en deux, déchiré en lambeaux. Sa chair palpite, ses os crient. On jette ses débris dans une chaudière d'huile bouillante, et chacun d'eux est vivant, chacun des lambeaux de son être est devenu lui, et souffre autant que lui! Et, pendant des jours et des années, il renaîtra, sera déchiré, sera plongé dans la chaudière ardente, sans que ses plaintes et ses clameurs attirent autre chose qu'une recrudescence de férocité de ses bourreaux...

Pham-taï et son épouse Ngoc-hoa revinrent sur terre, de par la justice de Phât, et dominèrent sur le pays de leur persécuteur...... C'est le règne de ce sage roi connu sous le nom de Fou-yen, dont notre histoire cite plus d'un trait de courage et de bonté.....[34]

Nous voici dans le Cu'u-Ou-Nguc, le troisième cercle, où sont punis les sacrilèges...... Ces infâmes sont écrasés sous une lourde pierre garnie de dents de fer que soulèvent et laissent retomber avec fracas les exécuteurs du juge Tông-dê. Leur corps est réduit en bouillie, haché, pulvérisé. Mais la vie subsiste en eux, car la peine même de la souffrance est de la ressentir éternellement. Chacune des parcelles de leur corps, chacun de leurs atomes ressent la souffrance elle-même.

Celui-ci a volé des objets d'or et d'argent servant au culte de Phât. — S'il en a tant envie, a dit Tông-dê, qu'il les boive. — Et l'exécution le transperce de ce jet de métal en fusion. Il boit l'or et l'argent enflammés qui lui rongent les entrailles.

A ceux-ci, plus loin, dont des clameurs sont horribles, les démons arrachent la langue : ce sont des blasphémateurs ; les viscères : ce sont des impies sacrilèges ; les ongles,car ils ont déchiré le respect dû à la divinité. Les génies Kâla et Kâladjana[35],les plus cruels d'entre les plus cruels, les poursuivront en tous lieux, à chaque renaissance, et toujours rappelleront leurs crimes.

Car, ainsi l'a dit le grandiose richi Viçwâmitra : « Dès aujourd'hui Kâla les atteint de son lacet et les entraîne au sombre séjour de Vevaçwata, — et qu'ils subissent sept cents renaissances pour être chaque fois des spoliateurs de corps morts !

« Que dévorant sans cesse leur propre chair, quand l'envie de se repaître s'emparera d'eux, n'ayant d'associés que des races inhumaines, hideux, repoussants, ils vagabondent par tous pays, ne subsistant que d'abjectes professions[36] ! »

Ici, dans le quatrième cercle, ce sont les mauvais fils, ceux qui ont manqué au respect que prescrit la loi naturelle. Le juge Ngû-Quan reproche leur crime, cent fois plus condamnable que le manque de respect envers soi-même...... Nichâda[37] est coupable. Il est le fils d'une femme brahmine et du çoûdra, le tchandâla,[38] l'être abject par excellence.

En compagnie de ses congénères, il est livré aux démons qui les saisissent par les cheveux et par les pieds et les jettent sur des pointes aiguës de fer qui les transperçent, puis les reprennent pour les lancer dans les flammes ardentes où le dieu Kapila en brûle et consume soixante mille d'un froncement de narines[39].....

..... Fuyons cette horde méprisable de ceux qui méconnurent le respect filial, continua Thanh-Giem après un instant de silence... Les sentiments qui s'éveillent en moi sont trop implacables pour l'ingrate humanité. Les crimes de la passion, bien vils aussi, sont moins horribles... La chair impure est punie au cinquième enfer.

Le roi Giêm-la, entre les signes du soleil et de la lune, se fait amener les luxurieux, ceux que le démon du mal a poussés dans les turpitudes et les ignominies du sang. C'est ici le Hôi-Hà-Nguc, où les condamnés sont brisés à coups de rotin de fer jusqu'à ce que le germe impur soit mort en eux. S'il renaît, si la luxure résiste, la chair sera broyée par des fleurs de lotus emblématiques au sommet de lourds pilons, tandis que des chiens purulents se repaîtront avidement de leurs débris et boiront leur sang dénaturé.

Ce démon fétide entraîne plus loin encore, dans l'enfer O-Luân-Nguc, où se rencontrent les adultères et les incestueux, ceux qui ont violé leurs serments ou les lois pour satisfaire leurs ignobles penchants. Le roi Thài-so'n y trône, sous les auspices des signes ciel, terre, soleil et lune.

Le richi Gâoutama raconte avec noblesse comment sa femme Ahalyâ, en laquelle il avait toute confiance, si belle que ses hanches semblaient les courbes gracieuses du lortchi à double corolle, succomba au démon de la concupiscence entre les bras de Çakra, le roi des Dévas.

— O femme de faible, de bien faible intelligence, s'écrie-t-il en apostrophant la coupable épouse. Une quantité incalculable d'années s'écoulera, ô perverse et criminelle créature, pendant lesquelles tu subiras sans interruption la pénitence de ton crime, privée de toute assistance, couchée sur la cendre, et loin de la vue de tout être animé[10]...

Mais Thài-so'n ne l'entend pas ainsi : le châtiment serait trop doux. L'adultère est livrée à Thât-dân-Qui, le diable à sept têtes. Elle est suspendue la tête en bas et écorchée vive. Sa voix lamentable hurle désespérément.

Quant à son complice Çakra, roi des Dévas, qui régnait sur le Tridiva, et ne craignit pas de souiller l'honneur de Gaoûtama, il est aussi écorché vif, mais auparavant un exécuteur l'a mis dans l'impossibilité d'avoir des fils, en le privant de ses facultés reproductives.

— Cecidere ambo testes humi, murmure Nha-Truong, en latiniste de circonstance.

Thanh-Giem en profite pour reprendre haleine. Chacun des tableaux, illuminé d'une teinte flamboyante lors de notre examen, est retombé aussitôt dans l'obscurité. La chu'a semble un incommensurable vaisseau noyé d'ombre et de silence, et la terreur va s'augmentant... Nous frissonnons malgré nous aux accents désespérés du vieux bonze qui semble quelque personnage incompréhensible et divin, descendu pour ouvrir nos âmes à la vérité !...

O-Luân-Nguc *où le Thap-Diên* Thài-So'n *punit les adultères et les incestueux.*

SIXIÈME
ET DERNIER ÉPISODE

Voici le Kim Cu'o'ng-Nguc, le septième enfer où sont punis les calomniateurs par le juge Biên-thanh. Il siège sous un parasol enjolivé des signes du Bat-quai, et chacune de ses sentences est impitoyable et irrémissible. Kouvera[41], le gardien du Nord, et la déesse de Vérité guident ses arrêts, car la calomnie même doit être froide et pècher par la vérité. Excusable dans la colère ou par l'induction de faux renseignements, elle ne devient crime que lorsqu'elle est avérée d'intention et de fait.... C'est pourquoi Biên-thanh sonde le fond des cœurs.

Ceux que vous voyez livrés aux bourreaux sont le mari et la femme. Ils péchèrent par jalousie contre un ménage voisin, affirmant des actes qu'ils savaient être faux, puisqu'ils les imaginèrent.... Aussi leur supplice ne cessera-t-il que pour engendrer celui des envieux, puis celui des menteurs, puis celui des méchants, puis celui des voleurs, car est-il pire larcin que le vol de l'honneur d'autrui ?

Le septième enfer disparut, et nous aperçûmes soudain le Hoa-Xa-Nguc où sont consumés les incendiaires, propagateurs du vol, de la mort et des larmes, destructeurs de la propriété, sacrilèges de la nature.

Le juge Binh-Chinh écoute les génies protecteurs de deux maisons qui viennent d'être dévorées par le feu. Les démons, armés de torches enflammées se saisissent des coupables, dont la chair roussit et crépite.

Au centre se dresse une énorme colonne de bronze haute de dix pieds et large de dix brasses, dont la couleur est comparable à celle de la pierre rouge, semblable à celle qui s'élève sur la montagne de Qui-minh-quang[1], et forgée par Viçwakarman, vulcain de l'enfer bouddhique.

Le métal est en ignition, passant par toutes les teintes du blanc et du rouge, et les incendiaires, repoussés par des brandons enflammés dont les aspergent les démons, embrassent au désespoir la terrible colonne où grille leur chair pantelante. et où les rejette sans cesse la flamme avide des exécuteurs,

Nous croyons entendre leurs clameurs désespérées, voir leurs larmes aussitôt volatilisées par l'incandescence, sentir l'odeur de leurs os calcinés.

Thanh-Giem fait un signe, et le neuvième cercle se présente, et le bonze continue doucement, en scandant chacune de ses paroles, qui volent dans l'atmosphère lourde de la chu'a ainsi que les ailes velues d'une chauve-souris :

— Ici le juge Dô-thi punit les hypocrites. Il prend les ordres de la déesse Quan-An, et regarde le long défilé des humains qui pratiquent la vertu, sonde leur cœur, afin de savoir si leurs sentiments étaient réels.

Au premier rang s'avancent, tous deux couronnés du nimbe des élus, le jeune homme Kim-dông et sa jeune compagne Ngoc-nû.... Pour eux le temps d'épreuves est fini, Bouddha a su reconnaître les siens.

Ils ressemblent aux deux Açwins par la beauté ; leurs grands yeux rivalisent avec la feuille du padma ; en eux existe la jeunesse : que sur la terre descendent volontairement les Immortels de la demeure des Dévas, ces adolescents en sont l'image.

Comment sont-ils venus ici ? Quel est leur but ? A qui doivent-ils le jour, ô sage roi, eux qui décorent ces lieux comme le soleil et la lune décorent le ciel[43] ?

Je le sais[44], Kim-dông et Ngoc-nû vivaient au suave pays de *Mithila*, que nous nommons *Djanikpour*, entre la *Koci* et la *Gandatti*, dans le nord du *Thirout*[45].

Ils connurent la divine *Sitâ*, fille de la vierge *Asparâse Ménaka* et de la pensée de *Djanâka*, et pratiquèrent la vertu sans oubli[46].

Leurs parents étaient pauvres et leur mérite n'en fut que plus grand. Leur maison se mirait dans les eaux de *la Gangâ a rivière aux trois sources*[47].

Et maintenant ils franchissent tranquillement le pont Nai-ha-kieu, sous lequel le fleuve Hu'yèt-o-chi pullule de monstres horribles.

C'est là que s'est réfugié le serpent *Panagas*[48], chef des huit serpents *ouragas*[49], celui qu'on nomme aussi *Sarparâdja*[50]... Ce n'est autre que l'ancien roi Nahoucha, changé ainsi par le richi Agastya par la formule disloquante : « Hé Skanda ! » pour avoir osé blasphémer les saptarchis, le palais des sept étoiles de Van-Huong[51].

Les hypocrites leur sont jetés en pâture, et le défilé des sages continue, insensible à leur douleur, indifférent à leur détresse.

Car nous approchons du dixième cercle où le juge suprême Chu'yen-luân appréciera l'état de la perfectibilité. Il fera passer les damnés devant Nghiet-kinh, le miroir de la vérité, et punira les menteurs et les méchants.

Rien ne peut lui être caché, il lit dans l'âme elle-même, y découvrant l'ombre la plus légère. Voyez ceux-ci : une des formes du mensonge ! Ils n'ont pas suivi les préceptes des Soutras, ils se sont adonnés aux pratiques de la magie et de la sorcellerie, trompant leurs contemporains crédules par un luxe de phrases ou une étrangeté d'existence... Les démons les précipitent sur des pierres aiguës et des pointes de fer sanglantes...

Plus loin les mortels qui joignirent la méchanceté à tous ces crimes sont châtiés par les animaux sur qui s'exerce trop souvent la haine inconsidérée des vivants.

Celui-ci dont le crâne est ouvert et palpite étrangement sous le bec avide des aigles garoudhas et des vautours souparnas fut un grand pécheur. Il mentit sans cesse et corrompit plus d'une âme, car la sagesse semblait parler par sa bouche. Son regard était déloyal, sa bouche trompeuse : le garoudha boit ses yeux et mange ses lèvres, crève ses prunelles, déchiquette ses gencives. Les émules du menteur serviront de cibles aux tireurs d'arcs infernaux, et le dieu Kapila leur soufflera du feu pour raviver leurs plaies[52].

C'est de ce dixième et dernier cercle que partent les six chemins, gardés par les huit ouragas, huit éléphants et huit vasous[53], qui conduisent les morts dans le monde des vivants, en face du palais des sept étoiles[54]. C'est par ces voies de la destinée que les damnés reviendront sur la terre pour acquérir la perfection qu'exige le Nirvâna. Les uns seront des créatures basses, viles, rampantes, ou de celles dont les œufs flottent dans l'air, dispersés par les vents, ou roulés par les eaux. D'autres, recueillis au pied de la *chau,* où aboutit leur route, par le char des richesses que dirige Pouchpaka[55], règneront dans des villes de soie et d'or, où le sol des rues sera formé de madriers de teck[56], où les ponts seront de marbre dur. Leur intelligence leur permettra d'atteindre le but final, tandis qu'à côté gémiront dans l'obscurité les besoigneux, les inexpérients, les imbéciles.

Mais que parmi ceux-ci aucun ne se désespère. N'ont-ils pas la prière et la consolation, l'équité et la justice. Ils seront plus près du but qu'on ne le suppose, car l'esprit de la sagesse conduit les êtres ici-bas en tous lieux, en tous temps, vers l'élévation finale, le sommet radieux qui flamboye devant nous...

Dô-thi (*détail de* Hac-am-Nguc)

Kim Cu'o'ng-Nguc *où le Thap-Diên* Biên-Thanh *punit les calomniateurs.*

*
* *

Sans commenter ce que pouvait avoir d'exact les allégations de Nha-truong sur le voyage de Marco Polo et la *Divine Comédie*, ni le rapport probable entre l'explorateur indou et le grand poète du XIVe siècle, je ne pouvais chasser de mon idée ce que je venais de voir :

— Les damnés grinçant, hideux, attachés à la colonne de bronze en ignition ou précipités sur des lacs d'épées, le garoudha rongeant le crâne du trompeur de peuple, le serpent panagas enserrant dans ses replis énormes tout un cercle infernal, et je songeais aux trois grands *Cantiche* et aux *Capitoli d'Il Inferno*.

Dante Alighieri a-t-il connu le paradis d'Indra, l'Enfer bouddhique? Que répondre.... L'imagination humaine s'est de tous temps révélée en hideurs pour les châtiments d'outre-tombe, peu variés à travers les milliers de siècles des croyances.

Le christianisme en usa plus que tout autre, sinon autant. Les artistes du moyen-âge n'eurent pas d'autres inspirations et traitèrent les supplices en croyants ignorants, au moins en catholiques, et les appréciations de nos contemporains sont unanimes :

— Les enfers du *Jugement Dernier* peints par Fra Angelico de Fiesole sont d'adorables caricatures, qui dénotent une sainte ignorance et une puérile bonté[57].

— Michel Ange laisse de côté les sombres inventions du Dante et se borne à rappeler les supplices infernaux en représentant un seul damné, précipité dans l'abîme, cachant de sa main les convulsions de sa face, et mordu à la cuisse par un serpent[58].

— D'autres abusent de la barque fatale, du vieux nautonnier Caron, restes du paganisme qui indiquent clairement qu'il n'existait aucune loi dans l'induction des supplices infernaux du christianisme, et les compositions étrangement remarquables que Sandro Botticelli dessine et grave pour l'édition de l'Enfer du Dante publiée en 1481 le prouvent surabondamment.

— D'autres encore s'inspirent de Sandro Botticelli, de Michel Ange et de Fra Angelico pour décorer les cathédrales gothiques de multiples compositions où le terrible, le grotesque, le naïf s'allient de la façon la plus étrange.

— La cathédrale d'Orvieto est un des plus curieux réceptacles du genre, une mine fort riche d'investigations sur ces croyances anciennes des premiers âges du monde, auxquelles nul siècle, nul progrès ne portera le coup mortel, car elles sont aussi humaines que l'homme lui-même, nées de la faiblesse qu'il ressent en face du grand problème de l'Inconnu...

Hac Vô Nguc où le *Thân Diêu* Binh Chinh *punit les incendiaires*

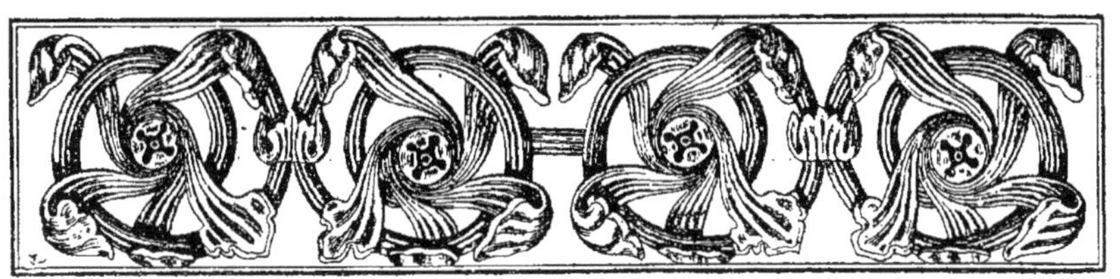

POSTFACE

Le bouddhisme, religion-mère de presque toutes celles de l'Orient, s'est implanté à l'état faussé, dégénéré, modifié et modalisé pour ainsi dire, dans les basses contrées de l'Annam, l'Indo-Chine, le Cambodge, etc., à la suite des incursions chinoises dans ces contrées, et cela dès la plus haute antiquité.

Nous n'avions pas la prétention de découvrir le bouddhisme tonkinois, ni plus particulièrement ses dix grands enfers. D'autres ont traité ces formules religieuses bien avant nous, notamment G. Dumoutier, le savant inspecteur de l'Enseignement en Annam, qui leur consacra, en 1888, tout un fascicule de la Revue d'Ethnographie. Le récit impressionnant de notre visite à la *chu'a* et le commentaire littéraire que nous en tirâmes devaient uniquement nous servir à présenter, à envelopper les douze planches extravagantes de finesse et de beauté qu'avaient dessinées pour nous les plumes de roseau des japonais Pha et Ly. Les hors-d'œuvre, qui, par la suite, composèrent l'ensemble de ce livre, s'y ajoutèrent logiquement.

Tous ceux à qui ces planches furent soumises en témoignèrent quelque étonnement, et — faut-il le dire — une certaine dose de stupéfaction ignorante. Ils connaissaient bien les huit enfers chauds et les huit enfers froids des bouddhistes hindous, les quarante enfers de Ceylan, les trente-deux des confutzéens, mais nullement les dix que nous leur présentions.

Les réductions ne donnent qu'une faible idée de ce qu'étaient ces planches. On ne peut désormais qu'y deviner cette finesse inouïe de traits, la hardiesse de ces figures radieuses de bonté ou frémissantes de colère ; la souplesse de lignes de ces barbes flavescentes qui ondulent comme la mer, de ces fureurs de regard, de ces douceurs de geste, de ces musculatures si savamment étudiées en quelque membre pourtant naïf. Un seul coup de la plume de roseau fait vibrer les tendons et les nerfs. Nul ne paraît connaître l'anatomie autant que nos dessinateurs aux allures de gamins. L'original de leur science n'a pu, hélas ! qu'être diminué !.....

M. Renan se déclara charmé et garda les planches quarante-huit heures, pour préparer une préface, disait-il. Quand je revins, le matin du troisième jour, il achevait de laborieuses fouilles dans sa bibliothèque.

— Je n'ai rien, rien trouvé se rapportant à vos dix enfers, me dit-il en contemplant son ventre, je ne peux vous écrire de préface.... D'ailleurs je n'y connais goutte, le bouddhisme n'est pas mon affaire.

Sans me décourager de cet aveu naïf, j'insistai, lui indiquant ce que j'attendais de lui : un commentaire sur l'esthétique des religions, sur le parallèle à établir des divers chefs-d'œuvre de l'esprit humain qui ont exploité les croyances religieuses. Une sorte d'échelle syllogistique qui aboutirait aux enfers chrétiens, ayant pour échelons le nertara grec, le schéol hébreu, le yanteouthi chinois, le patala indien, le gehennem mahométan et l'infernus latin. Une petite station y serait ménagée pour nos dix cercles néo-bouddhiques. Pour la partie technique je m'adresserais à M. Foucaux, son collègue du Collège de France... Je lui dépeignis ce qu'étaient les dix enfers retracés par nos Japonais sur le papier : une dégénérescence, une modalité du bouddhisme importé par les Chinois en Annam quand ils s'en emparèrent, et comment cette religion tronquée était restée celle du pays. L'empire d'Annam, florissant au onzième siècle, ne connut que ce bouddhisme-là, les murs de ses pagodes ne représentèrent que les dix enfers...

Ici je donnai libre cours à mon imagination et j'affirmai audacieusement à l'auteur de la *Vie de Jésus* (simplement et dans le seul but d'entraîner son esprit à ma suite) que c'était là qu'il fallait chercher, et pas ailleurs, la naissance de nos croyances infernales et la conception du grand poème dantesque. Je lui citai des dates, les voyages de Marco Polo, leur récit, la connaissance probable qu'en avait eu Dante[1]... M. Renan m'interrompit en protestant, rétorqua mes arguments, me complimenta sur mon esprit inventif, et m'expliqua qu'on ne devait jamais, à aucun prix, « tromper le public. » Je n'insistai pas, baissant l'oreille sous la semonce...

Une demi-heure après il me donna la lettre-préface qu'on peut lire en tête de ces pages. Mon idée était devenue sienne. Il n'avait plus peur de « tromper le public. » Et mon étonnement ne devait pas s'arrêter là. Six mois plus tard M. Renan fut *interviewé*, selon la forme moderne du journalisme, au sujet de je ne sais trop quelle discussion sur les croyances infernales et les œuvres littéraires ayant pour objet les châtiments extra-terrestres. Tous les « quotidiens » reproduisirent son opinion : celle dont il se moquait si agréablement lorsque je lui parlai du bouddhisme annamite, il la développait comme s'il l'eut possédée de tout temps, Il n'avait plus l'ombre même de cette crainte qui semblait être pour lui le commencement de la sagesse : tromper le public. M. Renan me parut alors bien plus crédule que je ne pensais... mais il était trop tard pour m'en repentir.

M. Foucaux[2] ne trouva rien non plus, mais, fort aimablement, voulut bien parler du bouddhisme hindou, le seul officiel, de ses huit enfers froids, de ses enfers chauds, etc., etc. :

[1] The first latin translation appears to habe been made about the year 1320, by a monk of the order of Preachers, named Francesco Pi perio of Bologna, said to have belonged to the house of Pepuri, or Pepoli...... (Wirth). Mais il est probable que les lettrés en parlèrent bien avant, et l'Italie intellectuelle glorifia de suite le voyageur....

[2] C'est le second des protecteurs de ce livre disparus depuis. L'éminent professeur au Collège de France est mort au commencement de l'année 1894, *quelques iours* après avoir revu les épreuves de la très remarquable préface qui précède ces pages.

M. Ledrain fut plus sincère, et plus *lui* : il discuta à son optique particulière les croyances infernales, et fit, intelligeamment, ce que j'avais demandé à M. Renan.

Le Père Didon admira les planches, m'avoua qu'il ne connaissait rien en bouddhisme, ni hors des croyances purement chrétiennes, et m'envoya à M. Emile Senart, de l'Institut — M. Senart me promit d'étudier la chose en un article du *Journal Asiatique*. je me permet simplement ici de lui rappeler sa promesse....

Bref, ballotté en tous sens, je jurai bien, quoique un peu tard, qu'on ne m'y reprendrait plus à vouloir persuader des bouddhistes impénitents, et leur faire accroire qu'il pouvait se trouver seulement dix enfers où ils étaient habitués à en compter seize !....

L. R.

Hac-am-Ngue *où le Thap-Diên* Dô-thi *punit les hypocrites.*

INDEX

[1] Petite bannière symbolique.

[2] Mot sacramentel glorifiant l'être divin.

[3] L'Amour.

[4] Le Printemps.

[5] Prosternation respectueuse dans laquelle les bras entrecroisés doivent toucher l'extrémité des pieds.

[6] La région des mondes contenant la perfection.

[7] La Beauté.

[8] Çàstras.

[9] Les dix grands cercles des enfers annamites.

[10] Appellation annamite de Bouddha.

[11] Confucius.

[12] Déesse de la parole et de la poésie.

[13] Le Ciel, l'ensemble des 3 régions.

[14] Immobile, c'est Brahm, mobile, c'est Brahma.

[15] Les sept grands continents (impropr. îles) dont l'un, le Djambou, contient l'Inde et la région des mondes connus.

[16] Amulettes.

[17] Le Ramayana, de Valmiki.

[18] Les Védas sacrés.

[19] Absorption de l'être en Brahm, l'éther déifié.

[20] Char aérien divin.

[21] Vers de Tchora.

[22] Haire ou cilice de pénitence.

[23] Les trois mondes.

[24] Secte philosophique qui place le néant absolu après la mort.

[25] Marco Polo.

[26] Aigle-cygne qui servit de monture à Vichnou.

[27] Ou nagas (Vasouki).

[28] Région qui doit mener à la perfection. Un des sept grands continents (dit dwipas ou îles) est celui qui contient l'Inde, aussi nommé du Djambou.

[29] Le yodjana vaut 12 kilomètres.

[30] Vulcain des enfers bouddhiques.

[31] Rakchases, Dahavas, génies malfaisants de l'air.

[32] Les vents déifiés.

[33] La vertu.

[34] Les explications de Thanh-Giem sont un bizarre mélange de noms et de légendes semi-indoues, semi-annamites. Le culte s'est modifié selon l'esprit local, et la tradition samskrite dénaturée recèle dès lors plus d'un anachronisme ou d'un barbarisme.

[35] Gardiens de l'enfer samskrit, dépeints sous les couleurs les plus terribles.

[36] Ramayana, adikanda, Sarga LXI, çl. 19. 20. 21,

[37] Personnification d'une abjecte progéniture, fils d'une prêtresse et d'un démon,

[38] L'ignominie.

[39] Légende thibètaine.

[40] Ramayana, Adikanda, Sarga XLIX.

[41] En annamite Huyen-Vu.

[42] Relations de la Chine avec l'Annam, par Devéria.

[43] Adikanda, Sarga XLIX, çl. 4. 5, 6. et suiv.

[44] Même mélange de samskrit et d'annamite dans les explications de Thanh-Giem.

[45] Ouvrages de Buchanam.

[46] La fameuse légende indoue de la vierge engendrant sans cesser d'être vierge.

[47] Le Gange déifié, (au féminin.)

[48] Ou nagas,

[49] Vasouki.

[50] Le Roi des Serpents, animaux qui jouent un rôle considérable dans la mythologie indoue.

[51] La Grande Ourse,

[52] Légende thibétaine.

[53] Serpents, fils de serpents, animaux monstrueux.

[54] La Grande Ourse.

[55] Apollon indou.

[56] Dans les belles cités le sol des rues était formé de madriers ou de plaques de bois.

[57] Encyclopédie.

[58] Dictionnaire Universel.

Trung-Nguyen-Nguc *où le Thap-Diên* Chuyên-luân *punit les menteurs et les méchants.*

TABLE DES GRAVURES

TEXTE

Vannes. — Impr. Lafolye.

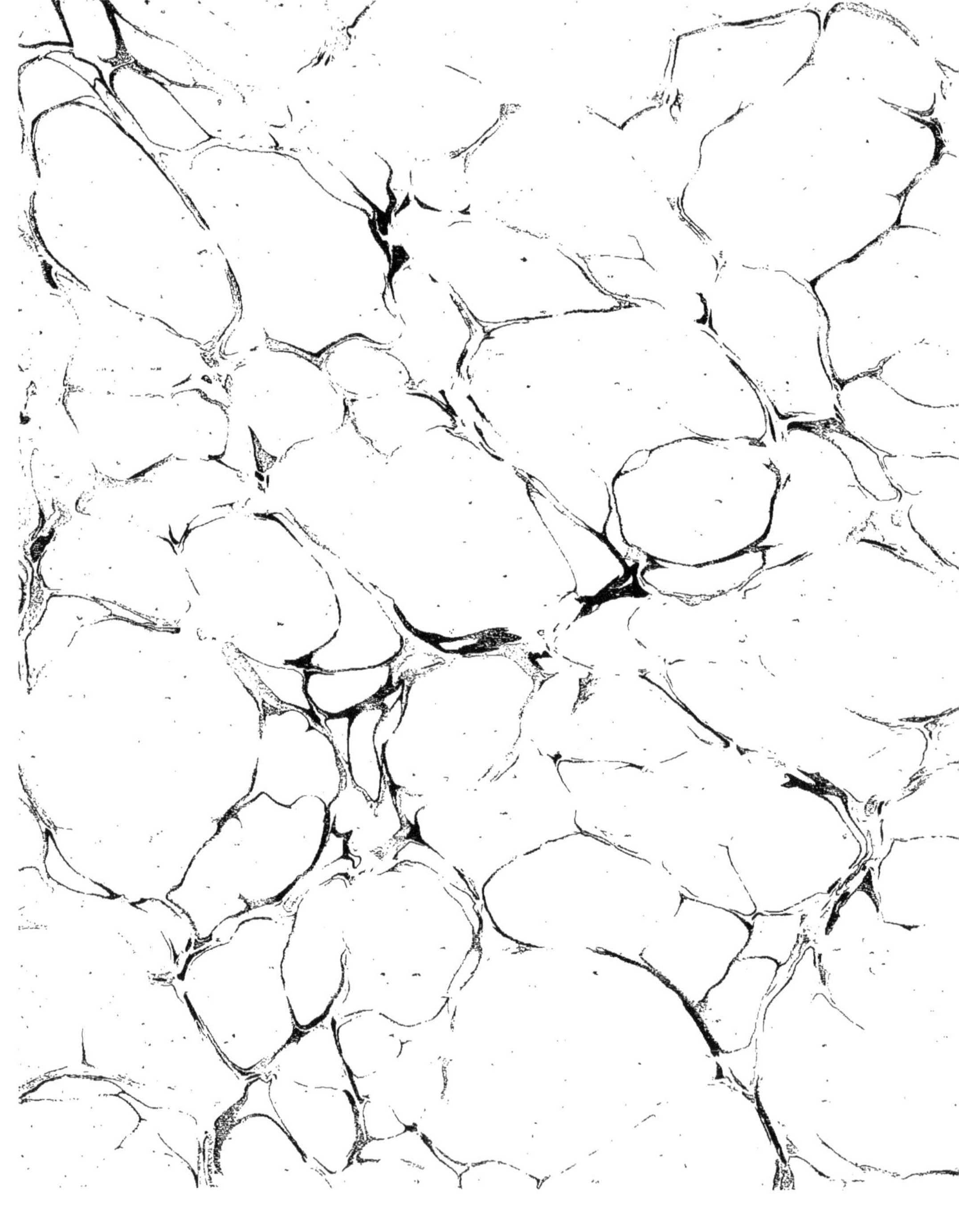

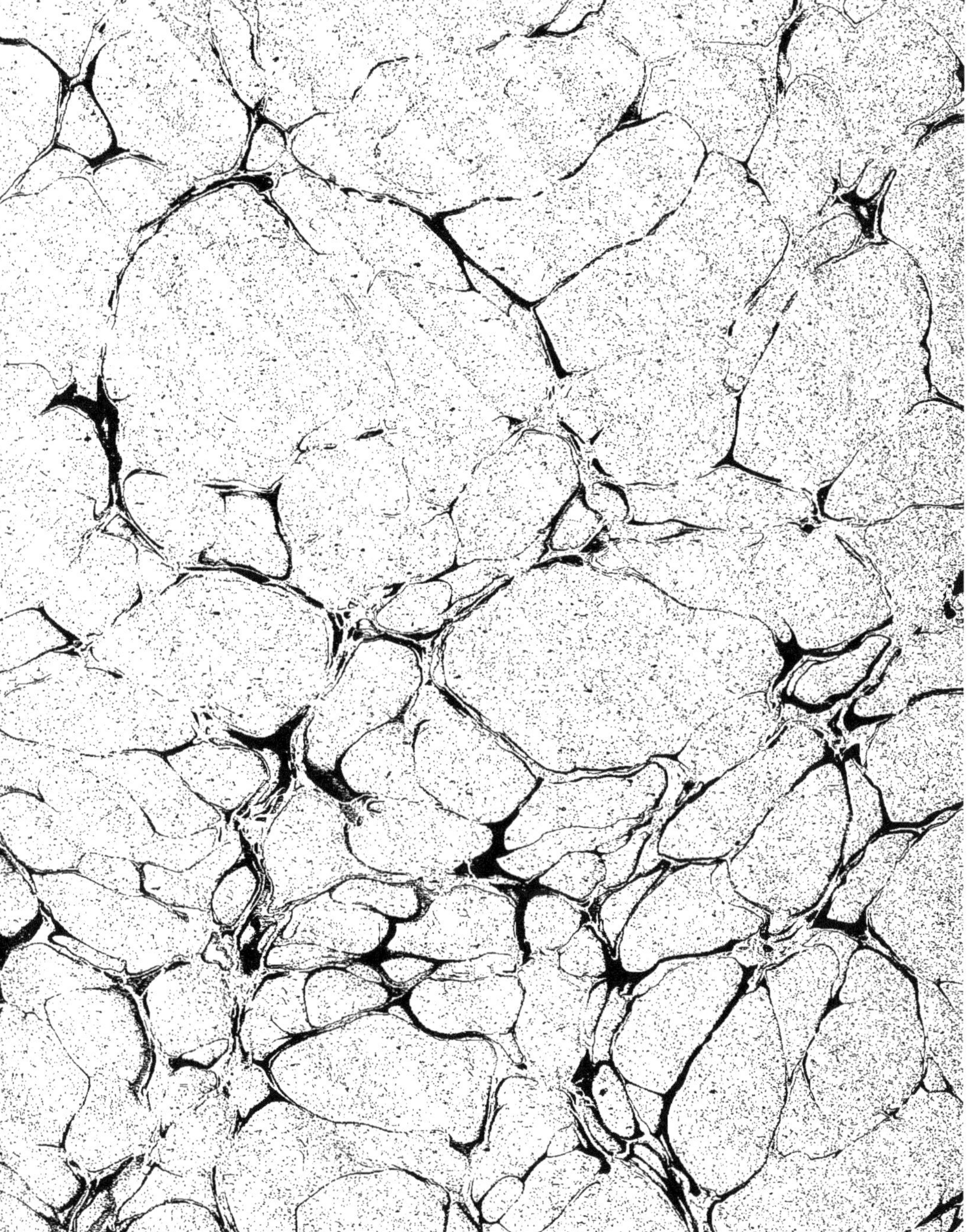

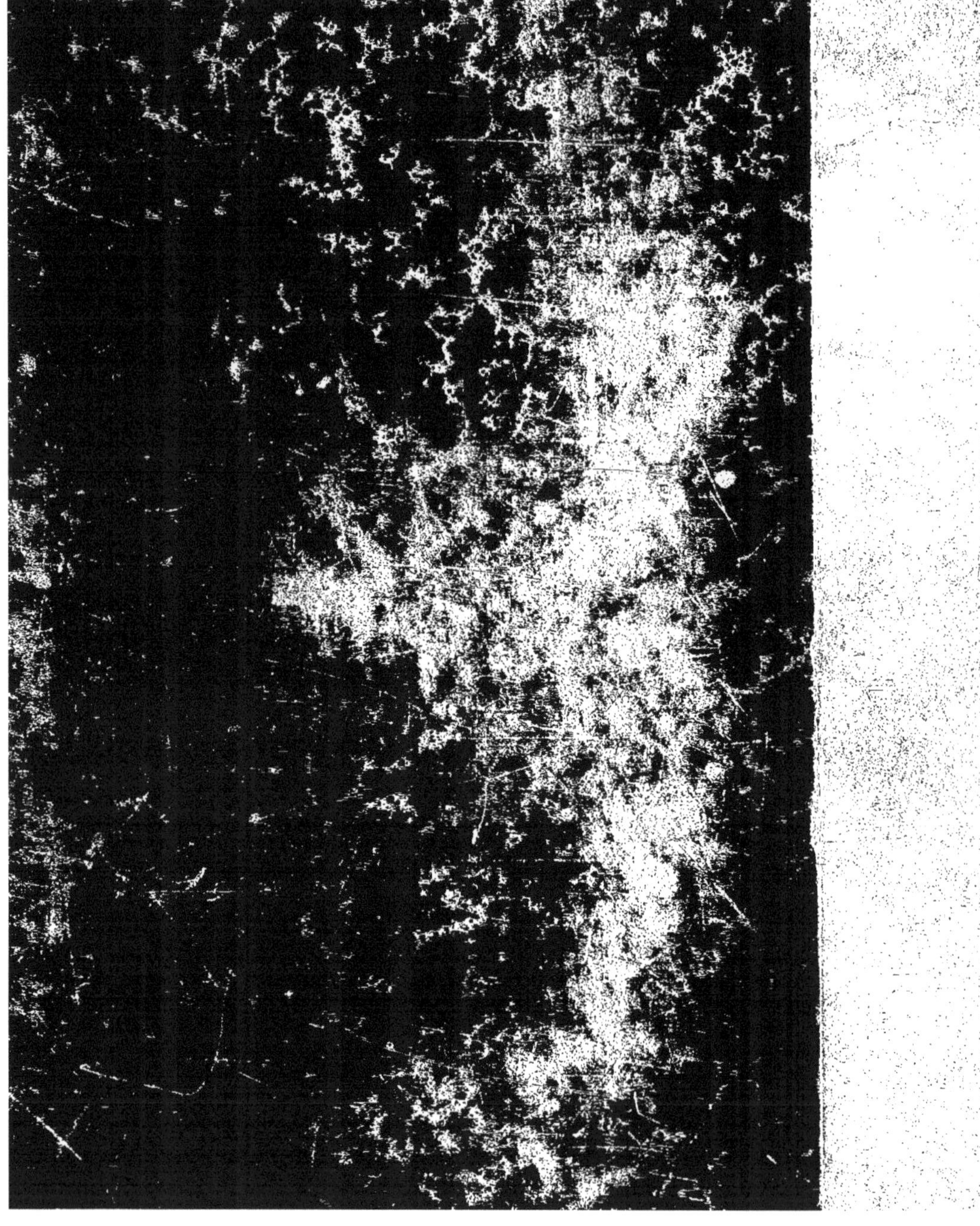

www.ingramcontent.com/pod-product-compliance
Ingram Content Group UK Ltd.
Pitfield, Milton Keynes, MK11 3LW, UK
UKHW012049240726
13965UKWH00003B/1145